CHRISTIAN MARCHNER

# INVESTOREN BLACKBOOK

## LUKRATIVE WEGE ZUM IMMOBILIEN-IMPERIUM

GeVestor
Scharfsicht zahlt sich aus.

Bibliografische Information der Deutschen Bibliothek
Die Deutsche Bibliothek verzeichnet diese Publikation
in der Deutschen Nationalbibliografie;
detaillierte bibliografische Daten sind im Internet
über http://dnb.ddb.de abrufbar

**Impressum**


Theodor-Heuss-Str. 2–4, 53177 Bonn
Telefon: 0228/9 55 01 80
Telefax: 0228/3 69 64 80
info@gevestor.de
www.gevestor.de

Autor: Christian Marchner
Produktmanagerin: Kristin Andreas

Umschlagmotiv: © iaremenko/fotolia
Umschlag: Christoph Preimesser
Druck: Beltz Bad Langensalza GmbH, Bad Langensalza

GeVestor ist ein Unternehmensbereich
der Verlag für die Deutsche Wirtschaft AG
Vorstand: Richard Rentrop
USt.-ID: DE 812639372
Amtsgericht Bonn, HRB 8165


ISBN 978-3-8125-2671-5

# Mein Weg zum erfolgreichen Immobilien-Investor

Mein Start in den Immobilienmarkt liegt nun knapp zehn Jahre zurück und begann mit wenig Eigenkapital und einer eigengenutzten Wohnung in München. Über die Jahre lernte ich den Hebeleffekt zu nutzen und erweiterte mein privates Portfolio neben weiteren Immobilien in München unter anderem um die Standorte Nürnberg, Landshut und Leipzig.

Trotz A-Standorten und Cash-Cows in meinem Bestand liegt mein Hauptaugenmerk auf Wachstumsmärkten. Dort setze ich nicht nur auf eine noch annehmbare Rendite, sondern auch auf eine langfristig positive Entwicklung in Bezug auf Miet- und Kaufpreise.

Was Sie noch wissen müssen: Neben meiner Leidenschaft als Investor betreibe ich auch noch zwei profitable Firmen. Als geschäftsführender Gesellschafter die CM Immobilien Consulting GmbH, die neben der Maklertätigkeit auch kleiner Objekte selbst entwickelt und an- und verkauft.

Weiterhin als Geschäftsführer zusammen mit einem Geschäftspartner und Bauunternehmer die HeMaG GmbH, die bereits mehrere Mehrfamilienhäuser und mehrere Tausend Quadratmeter Baugrund im eigenen Bestand hält, Immobilien entwickelt und aktuell auch gerade die ersten Neubauprojekte vorantreibt.

Dabei können auch Sie meinen Weg einschlagen, denn ich habe bei (fast) null angefangen. Ich bin auch kein Handwerker, Hausverwalter, Banker oder Architekt. Ich bin Investor, der die Spezialisten gezielt einzusetzen weiß.

Ein erfolgreicher Investor ist kein Handwerker, Architekt, Gutachter oder Steuerberater. Wie bei einem Orchester ist er Dirigent in Bezug auf seine Immobilien und sein Netzwerk aus Spezialisten. Nur wenn Sie wissen, welche Art von Investor Sie sein möchten, werden Sie erfolgreich sein. Nur dann können Sie wie ein Profi dirigieren und delegieren. Es geht auch nicht darum, dass alles perfekt läuft. Das tut es nie. Es geht darum, seine Stärken und seinen Weg zu kennen und auch bei Unwägbarkeiten den Taktstock weiter in der Hand zu halten. Verlieren Sie ihn, ist auch Ihr Investorendasein zum Scheitern verurteilt.

**Aber Sie können sich sicher sein:** Mit diesem Buch sind Sie extrem gut aufgestellt, um gleich von Anfang an zu den erfolgreichen Immobilien-Investoren zu gehören. Und wenn

Sie weitergehen wollen auf dem Weg zum erfolgreichen Immobilien-Investor – kein Problem. Dann finden Sie auf www.immo-elite.de/invest weiterführende Hinweise für Ihre erfolgreiche Immobilienpraxis.

Ihr

Christian Marchner

# INHALT

# Einleitung
# Wie dieses Buch Sie unterstützen wird

**Wissen Sie, warum unter Investoren so oft Uneinigkeit herrscht? Warum Investor A Metropolen super findet und Immobilien in der Pampa nicht mal geschenkt haben möchte, Investor B aber genau die gegenteilige Meinung vertritt? Warum C lieber mit mehr Eigenkapital finanziert und D überhaupt kein Verständnis dafür hat? Und warum am Schluss eigentlich alle Recht haben?**

**Die Antwort ist ganz simpel:**

Es gibt beim Investieren nicht nur schwarz oder weiß und richtig oder falsch. Es gibt nicht einen Weg, sondern zig Varianten, um erfolgreich zu sein. Und der persönliche Erfolg hängt massiv von persönlichen Faktoren ab. Es gibt keine zwei Investoren, die genau dieselben Voraussetzungen im Hinblick auf Motivation, Bonität und Finanzierungsmöglichkeiten haben.

Genau an diesem Punkt setzt dieses Buch an. Ich möchte Ihnen nicht zum x-ten Male Checklisten an die Hand geben oder nur einen Weg als den einzig richtigen beschreiben.

Ich gebe Ihnen die Hintergrundinformationen an die Hand, durch deren Studium Sie am Ende des Buches ...

... Ihre **individuellen Voraussetzungen** zum Investieren kennen,

... Ihre **persönliche Motivation** und Ihre **Möglichkeiten** einordnen können,

... das **Zusammenspiel von Investor und Bank** verstehen,

... die **Vor- und Nachteile** sowie **Chancen und Risiken** der verschiedenen Immobilienklassen kennen,

... die **Steuer** von Beginn an im Blick haben,

... die Spekulationen um eine platzende **Immobilienblase** einordnen können,

und

... mit all diesen Informationen entweder von Beginn oder spätestens ab jetzt den für Sie **richtigen Weg** einschlagen können.

Zudem bekommen Sie von mir **Tipps aus der Praxis** für die Praxis, um Fehler zu vermeiden und Ihren Gewinn zu maximieren.

Nun wünsche ich Ihnen viel Spaß mit der Lektüre des Buches.

# Kapitel 1
# Drei Erfolgsfaktoren für Sie als Immobilien-Investor

Viele Neulinge denken zunächst nur an die Immobilie. Die muss schön sein und im besten Fall nicht zu teuer. Doch wer so an Immobilien-Investments herangeht, wird in vielen Fällen scheitern. Das Thema ist viel umfangreicher und komplexer als beispielsweise der Kauf einer Aktie.

Damit Sie gleich von Beginn an zu den erfolgreichen Investoren gehören, sollten Sie drei Faktoren, die zudem bis auf den Erfolgsfaktor Finanzierung nichts oder zumindest kaum etwas mit der eigentlichen Immobilie zu tun haben, auch wirklich genau kennen und für sich zu nutzen wissen!

## Erfolgsfaktor 1: Motivation

**Bereits der erste Erfolgsfaktor ist äußerst umfangreich und beeinflusst Ihr Investorendasein erheblich. Neben der generellen Einstellung, in Immobilien mit all ihren Vor- und Nachteilen, Chancen und Risiken investieren zu wollen, müssen Sie sich auch Ihrer Ziele klar werden. Wollen Sie langfristigen Vermögensaufbau oder sind (kurzfristige) Renditen und Erlöse das Maß aller Dinge? Sind Sie generell eher sicherheits- oder risikoorientiert?**

### *Erfolg liegt außerhalb der Komfort-Zone*

„Je älter man wird, desto bequemer wird man." Das klingt wie eine Binsenweisheit – doch steckt da eine Menge Wahrheit drin. Die meisten Menschen machen es sich irgendwann in ihrer eigenen Komfortzone bequem. Das ist einfach – bietet aber auch keine Überraschungen mehr. Vor allem bringt es Sie nicht weiter. Daher sage ich: Der Erfolg liegt außerhalb der persönlichen Komfortzone.

Aber was ist die Komfortzone genau? Es ist eine Begrenzung oder sogar ein Grenzzaun, der die weitere Entwicklung einschränkt. Innerhalb dieser Zone kann man prima leben – das möchte ich gar nicht abstreiten.

Doch eines ist auch klar: Wer die Komfortzone nicht mehr verlässt, entwickelt sich auch nicht mehr weiter. Für Menschen, die damit zufrieden sind, einen einmal erreichten Lebensstandard nur noch verteidigen zu wollen, kann das der richtige Lebensentwurf sein.

Im Grunde ist es so: Innerhalb des imaginären Zauns um die Komfortzone liegt Sicherheit. Alles was darüber hinausgeht, liegt in unsicherem Terrain. Hier kommen dann oft Gedanken an potenzielles Versagen oder eine Überforderung auf.

Doch eines muss Ihnen hier klar sein: Jenseits des imaginären Zauns liegt auch das Glück. Sehen Sie diesen Zaun also eher als Eingangstor für neues Glück und neue Fähigkeiten.

Wann immer es möglich ist, versuche ich meine Komfortzone zu erweitern.

Aus meiner persönlichen Erfahrung kann ich Ihnen nur sagen, dass diese Regel bei mir sehr gut funktioniert. Das hängt allerdings stark von Ihnen und Ihrer Persönlichkeit ab. Ich kann Sie aber hier nur ermutigen, diesen Schritt zu gehen und Ihre persönliche Komfortzone tatsächlich zu erweitern.

Sie können dabei sehr viel gewinnen.

**Schauen Sie doch einmal auf persönliche Erfahrungen zurück:**

1. Können Sie sich an ein Beispiel erinnern, bei dem Sie Skrupel hatten, Ihre Komfortzone zu verlassen? Wie ging es Ihnen danach?

2. Können Sie sich an ein Beispiel erinnern, als Sie die Komfortzone verlassen und etwas Neues erreicht haben? Wie haben Sie sich danach gefühlt?

### *Mindset: Vermögensaufbau aktiv gestalten*

Auch wenn Sie von dem parkinsonschen Gesetz vermutlich noch nichts gehört haben, kennen Sie sicherlich die praktischen Auswirkungen. Das Gesetz geht auf den britischen Soziologen C. Northcote Parkinson zurück – nicht zu verwechseln mit der Namensgeber der Parkinson-Krankheit. Beim Soziologen Parkinson standen unter anderem Zeit und Kosten im Fokus seiner Forschungen. Das parkinsonsche Gesetz besagt:

„Die Arbeit wächst stets in dem Maße, dass sie die zu ihrer Verrichtung zur Verfügung stehende Zeit ausfüllt."

Sie haben bestimmt auch schon die Erfahrung gemacht, dass Sie, wenn Sie nur fünf Minuten Zeit zur Verfügung hatten, auch nur fünf Minuten für eine wichtige E-Mail gebraucht haben. Wenn Ihnen aber 15 Minuten zur Verfügung stehen, dann kann die gleiche Tätigkeit auch schon mal 15 Minuten dauern.

Dieses Gesetz können wir auf verschiedene Bereiche des Lebens übertragen. So auch auf die Lebenshaltungskosten:

„Die Kosten steigen mit den Einnahmen oder dem höheren Einkommen immer weiter an und drohen, es immer komplett aufzufressen."

Kommt Ihnen das bekannt vor? Ich habe das sehr wohl erlebt. Als junger Berufseinsteiger kam ich mit dem wenigen Geld auch gut aus. Doch im Laufe der Jahre stiegen meine Einnahmen immer weiter an – das taten zeitgleich meine Kosten auch.

**Wer in einem solchen Fall nicht aktiv wird, geht große Risiken ein:**

1. das Risiko, keine Rücklagen zu bilden,
2. das Risiko, kein Vermögen aufzubauen,
3. das Risiko, im Alter vor finanziellen Problemen zu stehen.

Warum das so ist? Auch dafür liefert Parkinson die Antwort. Im Endeffekt steht dahinter eine Art Naturgesetz. Wenn von etwas „mehr" vorhanden ist, nutzen wir dieses „mehr" auch aus. Aber eben nicht unbedingt effektiv.

An dieser Stelle stellt sich die Frage: Wie können Sie dieses Gesetz für sich nutzen?

### *Schritt 1*

Sie müssen das parkinsonsche Gesetz erst einmal kennen. Dazu kann ich nur sagen: Herzlichen Glückwunsch, denn wenn Sie bis hierhin gelesen haben, kennen Sie es jetzt und die Auswirkungen auf Ihre persönlichen Finanzen.

Mein Rat an Sie: Denken Sie an dieser Stelle über Ihre persönliche Situation und vor allem die finanzielle Entwicklung nach. Haben Sie mit den Folgen schon selbst zu tun gehabt?

### *Schritt 2*

Die folgende Frage ist jetzt wichtig für Ihren Alltag, denn sie lautet: Wie können Sie dieses Gesetz aushebeln? Die Antwort auf die Frage ist einfach, erfordert von Ihnen allerdings einen persönlichen Einsatz. In der Praxis tarnen Sie den Vermögensaufbau als Kosten.

Das klingt erst einmal ungewöhnlich, hat in der Praxis aber schon oft funktioniert. Dazu müssen Sie Folgendes verinnerlichen: Sehen Sie nicht Ihren Kontostand nach dem Abzug aller Kosten als Ihr Vermögen an – nach dem Parkinsonschen Gesetz funktioniert das anders.

**Wie Sie das Gesetz also effektiv aushebeln, zeigt Ihnen die folgende Auflistung:**

1. Legen Sie jeden Monat einen festen Betrag zur Seite und überweisen Sie ihn am besten per Daueraufrag auf ein spezielles Konto. Das bekommt den plakativen Namen „Don't touch".
2. Sehr gut ist an dieser Stelle, wenn Sie mit dem festen Betrag pro Monat eine Immobilie abzahlen. Der große Vorteil für Sie liegt auf der Hand: Sie sind zum Zahlen gezwungen, weil sonst die Finanzierung der Immobilie nicht mehr möglich ist. Zudem erhalten Sie bei Ihrem Vermögensaufbau einen realen Wert.
3. Sie können das Geld aber auch einfach auf ein Tagesgeldkonto einzahlen – doch hier ist natürlich die Gefahr größer, dass Sie in einem finanziellen Notfall allzu rasch auf das Geld zurückgreifen.

Wie hoch sollte die Rücklage sein? Hier hat sich ein Betrag von 10 % der persönlichen Einnahmen als praktikabel erwiesen. Die Geschichte reicht sogar bis ins alte Babylonien zurück, wo dieser Anteil von 10 % an die Herrschenden schon üblich war. Hier sehen Sie klar, wie lange der Grundsatz im Grunde schon gilt und auch heute nichts von seiner Aktualität verloren hat.

**Mein Fazit:** Der Trick beim Vermögensaufbau ist, das Geld dafür außer Reichweite zu parken. Nur dann kann Ihnen auch der langfristige Vermögensaufbau gelingen. Besonders gut geeignet sind dafür Immobilien, weil Sie so bei der Finanzierung zum Sparen gezwungen sind.

### *Das sollte Ihr Ziel sein*

Viele Immobilien-Investoren kaufen verschiedene Objekte, ohne ein größeres Ziel dabei zu verfolgen. Das kann gut gehen. Doch wenn Sie sich selbst darüber im Klaren sind, wohin die Reise geht, können Sie auch viel strategischer Agieren und bessere Deals abschließen.

Bevor Sie jedoch genau wissen wohin es gehen soll, muss Ihnen erst einmal klar sein, wovon Sie sich entfernen sollten. Diese Einschätzung fällt leicht. Sie sollten damit aufhören Ihre Zeit gegen Geld zu tauschen.

Für viele von Ihnen wird das jetzt sehr normal klingen, denn als Angestellte machen Sie genau das. Sie investieren Ihre persönliche Zeit und werden dafür bezahlt. Wenn Sie das machen, fehlt Ihnen Zeit, um weitere Geschäfte zu machen, denn Zeit ist knapp und gerade, wenn Sie fest angestellt sind, wird es äußerst schwer sein, noch genügend Freiräume für andere Aktivitäten zu finden. Ihr Ziel sollte es nun sein, Zeit zu investieren, um weitere Zeit zurückzubekommen und im besten Fall sogar noch zusätzliches Geld. Wie funktioniert dieser Ansatz?

BEISPIEL **Beispiel Apple:** Das Unternehmen verkauft iPhones und iPads und investiert Zeit, um diese Produkte am Markt zu verkaufen. Im Onlineshop von Apple haben Sie dann die Möglichkeit, diese Produkte zu kaufen. Dieser Shop wird einmal aufgebaut und kann dann dauerhaft genutzt werden.

Bei jedem Kauf, der nun getätigt wird, klingelt bei Apple die Kasse. Hier hat das Unternehmen Apple die Zeit gut in den Aufbau des Onlineshops investiert und kann dann immer wieder davon profitieren.

### *Wie können Sie dieses Prinzip auf Ihre Aktivitäten übertragen?*

Im übertragenen Sinne muss es nun darum gehen, Mechanismen aufzubauen, die für Ihre Anforderungen einen Zeitvorteil bringen. Angenommen, Sie sind Unternehmer und geben Ihrer Assistentin eine umfangreiche Checkliste. So kann sie Ihren Tagesablauf effektiver gestalten und Sie haben mehr Zeit, um andere Dinge zu tun.

Oft ist es aber auch einfach nur der Einsatz einer Software, die tägliche Abläufe vereinfacht und so neuen Spielraum bei der Zeiteinteilung bietet, beispielsweise die automatische Beantwortung oder Bearbeitung von E-Mails, Onlineshops mit Drop-Shipping oder die Vereinfachung und Vervielfältigung Ihrer unternehmerischen Fähigkeiten.

BEISPIEL

**Ich kann Ihnen hier zwei Beispiele aus meiner täglichen Praxis mit an die Hand geben:**

1. Zu Anfang meiner gewerblichen Immobilienkarriere habe ich mich komplett selbst um Partnergewinnung, Beratung und Vermittlung und den An- und Verkauf von Immobilien gekümmert. Nun sieht es anders aus, manche Bereiche habe ich komplett ausgelagert, in anderen habe ich meine Arbeitskraft multiplizieren können: Als meine Maklertätigkeit mit der Zeit immer profitabler wurde, das Beratungskonzept stand und feste Partner für den Verkauf gewonnen waren, habe ich begonnen, andere an diesem Konzept partizipieren zu lassen. Nach diversen Schulungen sind meine Geschäftspartner der CM Immobilien Consulting GmbH fit, können selbstständig agieren, und ich verdiene bei jeder Immobilienvermittlung mit. Ohne bei jedem Geschäft aktiv beteiligt sein zu müssen.
2. Neben meinen privaten Investments kaufe ich auch gewerblich an, um dann nach einer Optimierung wieder gewinnbringend zu verkaufen. Auch hier habe ich anfangs alles selbst gemacht: Objektprüfung inklusive Besichtigung, Finanzierung, Aufwertung inklusive Koordinierung aller Tätigkeiten (Handwerker, Neuvermietung) und schließlich wieder den Verkauf.
   Mittlerweile läuft es in einem Markt so, dass ein Geschäftspartner die Objektakquise – den „ersten Angriff" – und organisatorische Tätigkeiten übernimmt und ein zweiter vor Ort besichtigt und eine Einschätzung abgibt. Mein Part ist der, ein Angebot abzugeben und bei Kauf und Verkauf insgesamt zweimal zum Notar zu

gehen. Das gesamte wirtschaftliche Risiko trage dabei ich beziehungsweise eine meiner Firmen.

Die Koordinierung der nach Kauf beziehungsweise für den Verkauf anfallenden Termine vor Ort übernimmt wiederum einer der Geschäftspartner.

Wenn das Objekt dann wieder abgestoßen ist, wird Kassensturz gemacht und natürlich nach vorheriger Abmachung geteilt. Ich persönlich teile sehr gern. Das motiviert meine Partner und mein Zeiteinsatz beträgt nur ein paar Stunden während der gesamten Haltedauer des Objektes. Im Normalfall habe ich das Objekt nie selbst gesehen.

**Mein Fazit:** Nehmen Sie diese Tipps als Anregung für Ihr Leben. Wo liegen Ihre Möglichkeiten, solche Mechanismen zu installieren? Wo können Sie sich multiplizieren, um dann stetig Erträge zu erhalten, ohne dass Sie dauerhaft Zeit investieren müssen? Ich weiß, dass dies nicht einfach ist. Doch ich kann nur an Sie appellieren, sich die Zeit zu nehmen und das tatsächlich einmal zu versuchen.

### *Sie haben noch keine Immobilie? Trauen Sie sich!*

Nicht nur bei der Eigentumsquote sind wir in Deutschland im EU-Vergleich nach wie vor weit hinten. Auch der Großteil der vermieteten Wohnungen gehört einem verhältnismäßig kleinen Personenkreis.

Ungefähr lediglich die Hälfte der Deutschen bewohnt ihre eigene Immobilie. Das macht auch durchaus Sinn, da das eigengenutzte Haus (meist) eine Verbindlichkeit darstellt und man seinen Wohnort als Mieter im Fall der Fälle (Arbeitsplatzwechsel, Start/Ende einer Beziehung) leichter und schneller wechseln kann. Vermieter sein geht dafür umso leichter und doch zögern viele.

### *Wer nennt Immobilien sein Eigen?*

Ich habe in den letzten zehn Jahren tausende Seiten an Marktberichten und Studien gelesen, und dabei haben sich einige Aussagen und Ergebnisse ins Gedächtnis eingebrannt. Eine dieser Aussagen ist Folgende:

**„Rund die Hälfte der Bevölkerung verfügt über Haus- und Grundbesitz. Das reichste Fünftel besitzt 75 % des Immobilienvermögens."**
(Quelle: Tim Clamor/Ralph Henger, März 2013, Institut der deutschen Wirtschaft Köln)

Das müssen Sie sich auf der Zunge zergehen lassen: 20 % der Bevölkerung besitzen 75 % des Immobilienvermögens. Das deckt sich mit anderen Studien, die zu den Schlüssen kommen, dass die „Reichen" bis zu 90 % ihres Vermögens in Immobilien investiert haben.

Personen, die es zu einem Vermögen gebracht haben, setzen also offenbar auf Immobilien, während andere, die fleißig im Hamsterrad schuften, teilweise panische Angst davor zu haben scheinen. Wieso also glauben so viele lieber den Schauergeschichten von Franz und Lieschen Müller, die allerhand gehört und im Nachmittagsprogramm diverser Privatsendergesehen haben – und lustigerweise gar keine Immobilie besitzen? Anstatt den Vermögenden nachzueifern und deren Weg zu gehen?

### *Eine Frage der Mentalität*

Als ich vor knapp zehn Jahren in meinem Umfeld bekanntmachte, in Immobilien investieren zu wollen, bekam ich ausschließlich Gegenwind. Und dieser flachte die ersten Jahre auch nicht ab. Ich bin mir sicher, dass meine Familie tatsächlich Sorge hatte, dass wir von Mietprellern, Messies und Baumängeln heimgesucht werden und daran scheitern könnten. Im Kollegen- und Freundeskreis gestaltete es sich aber anders.

Manche hatten teils fundiertes Wissen, aber nie den Mut etwas zu kaufen. Und erkannten mit der Zeit immer mehr, welche Chancen sie bereits verpasst hatten. Und plötzlich kam ich und wollte „mein Ding“ durchziehen. Am Anfang wurde mir mit den üblichen Schauergeschichten abgeraten. Und als sich Erfolg einstellte, wurde es sogar richtig kurios. Anstatt von meinen Erfahrungen zu profitieren, erlosch teilweise das bis dahin freundschaftliche und kollegiale Miteinander. Neid hatte sich plötzlich eingestellt.

**Eine passende Metapher dazu:** *Wenn in den USA jemand einen Wolkenkratzer baut, versucht der nächste, ihn zu übertrumpfen und einen noch höheren zu bauen. Wenn in Deutschland jemand einen Wolkenkratzer baut, fühlt sich der Nach-*

*bar persönlich angegriffen und versucht ihn einzureißen. Frei nach dem Motto: Wenn ich nichts habe, sollst Du auch keinesfalls mehr haben.*

Ich denke, das kommt der Realität sehr nahe und ist traurig gleichermaßen. Um also nochmals die Frage aufzugreifen, warum so wenige den Vermögenden, den Erfolgreichen nacheifern: Die Angst zu scheitern und der Neid auf die anderen macht teilweise jegliche positive Herangehensweise zunichte.

**Mein Rat an Sie:** Halten Sie sich an die Vermögenden. Schauen Sie sich deren Investitionsverhalten ab. Tauschen Sie sich mit den Leuten aus, die dort sind, wo Sie hinmöchten. Und lassen Sie sich keinesfalls von Angsthasen, Neidern und deren Schauergeschichten auf Ihrem Weg aufhalten!

Im Übrigen habe ich auch gelernt, dass Mietnomaden und Messies kaum vorkommen und es selbst dann Lösungsmöglichkeiten gibt.

Wenn Sie generell motiviert sind, in Immobilien zu investieren, dann gehen Sie noch einen Schritt weiter und stellen sich folgende Frage:

**Warum möchten Sie in Immobilien investieren?**
**Und vor allem: Welcher Risikotyp sind Sie?**

Mögliche Antworten auf die erste der beiden Fragen könnten Folgende sein:

- um passives Einkommen zu generieren
- um weniger arbeiten zu müssen
- um finanziell frei zu werden
- um für das Alter abzusichern
- um reich zu werden

... und natürlich noch viele andere

Je nachdem, was Sie und wie schnell Sie Ihr(e) Ziel(e) erreichen wollen, wird dies Auswirkungen auf Ihre Immobilienauswahl haben. Und damit auch auf die individuellen Risikofaktoren Ihrer Investments.

In Zeiten der Blender in den sozialen Medien ist es immer wieder schön zu sehen, wenn sich eine erfolgreiche Persönlichkeit zu der Arbeit und dem Aufwand hinter dem Erfolg äußert. Jemand, den ich für seinen Erfolg und seine ehrlichen Worte sehr bewundere, ist der amerikanische Unternehmer Gary Vaynerchuk. Folgenden Satz gibt er insbesondere jüngeren Unternehmern immer wieder mit auf ihren Wegen: *„Slow and steady wins the race."*

Um diesen Satz auf Sie umzumünzen: Wenn Sie Ihren Zielen Zeit geben können und wollen (und vor allem auch wenn Sie generell ein sicherheitsorientierter Investor sind), gehen Sie ruhig auch einmal auf Nummer sicher. Rendite ist nichts anderes als ein Indikator für Werthaltigkeit und Sicherheit. Oder wie der Herausgeber des CAPITAL-Magazins, Horst von Buttlar, schrieb: *„Rendite kennt keine zweite Mission."*

Ich möchte Sie damit nicht auf extrem renditeschwache Standorte wie München eichen. Nur seien Sie sich dessen bewusst, dass eine Cash-Cow nicht aufgrund der Nächstenliebe des Verkäufers so günstig ist. Das Ding ist einfach nicht mehr wert.

Sollten Sie dagegen der risikoaffine Typ sein oder aufgrund des Zeithorizonts zu spekulativeren Märkten gedrängt werden, prüfen Sie alle wichtigen Faktoren so gut es geht im Vorfeld ab. Ich kann Ihnen aus eigener, schmerzlicher Erfahrung sagen, dass hypothetische Risikofaktoren zu kennen und sich dann aber *um tatsächlich eingetretene Probleme zu kümmern* und diese zu lösen, zwei komplett verschiedene paar Schuhe sind. Solche Probleme kosten Zeit, Nerven und vor allem auch Geld.

Ich persönlich halte im Bestand sowohl Immobilien in teuren Zentren wie München, Wachstumsmärkten wie Leipzig, aber auch Cash-Cows in schwachen Regionen wie Rudolstadt in Thüringen. Und daher kann ich Ihnen voller Überzeugung sagen, dass insbesondere Wachstumsmärkte sehr viel Spaß machen können: positiver Cashflow, Wertsteigerungspotenzial für die Zukunft, gute Nachfrage durch potenzielle Mieter. Die höhere Rendite kommt durch die steigenden Mieten über die Jahre ganz von allein.

## Erfolgsfaktor 2: Bonität

**Jemand, der im Monat 5.000 € netto verdient, hat bessere Karten als jemand, der „nur“ 2.000 € verdient. Wer 50.000 € Eigenkapital hat, hat bessere Möglichkeiten als jemand, der 5.000 € Eigenkapital hat. Durchaus einleuchtend, aber so einfach ist es – glücklicherweise – nicht. Die Bonität hängt nicht nur von dem ab, was Sie einnehmen und auf dem Konto haben. Auch was und wie viel im Monat weggeht, ist mindestens genauso wichtig und oftmals viel leichter zu beeinflussen. Zudem kann es hier – wie in allen Lebenslagen – helfen, wenn Sie sich geschickt verkaufen können.**

### *So müssen Ihre Finanzen aussehen*

Die meisten Dinge im Leben können Sie einfach so kaufen. Das gilt nicht für eine Immobilie. Hier hängt der Erfolg ganz klar auch von der guten Vorbereitung ab. Sie erhalten jetzt Tipps, wie Sie Ihre Finanzen am besten schon vor dem geplanten Kauf einer Immobilie ordnen.

In vielen Gesprächen stelle ich immer wieder gleich zu Beginn eine Sache fest: Viele mögliche Immobilienkäufer unterschätzen ihr Potenzial. Nur in den seltensten Fällen überschätzen sich mögliche Käufer hinsichtlich der finanziellen Möglichkeiten. Das mag sich für Sie erst einmal nicht unbedingt plausibel anhören. Doch meine persönliche Erfahrung hat in den vergangenen Jahren dieses Ergebnis geliefert.

Gehen wir einfach einmal davon aus, dass Sie planen, in sechs Monaten eine Immobilie zu kaufen. Dann möchten

Sie natürlich jetzt schon wissen, wie es losgehen sollte. In den allermeisten Fällen benötigen Sie für den Kauf der Immobilie natürlich eine eigene Immobilienfinanzierung.

Doch bevor Sie von der Bank überhaupt Kapital zur Verfügung gestellt bekommen, müssen Sie sich dazu auch in der Lage fühlen. Und dieses gute Gefühl bekommen Sie nur, wenn Sie auch wissen, wie es um Ihre Finanzen steht.

Wichtig ist dabei die Orientierung an den Anforderungen der Bank. Nur wenn Sie wissen, was die Bank von Ihnen verlangt, können Sie das auch liefern und so die Chance schnell erhöhen, eine gute Finanzierung auf die Beine stellen zu können. Im Grunde ist es ganz einfach: Die Bank beurteilt Ihre persönliche Bonität.

An dieser Stelle ist es erst einmal noch nicht relevant, welches Objekt Sie kaufen wollen. Einzig und allein Sie als Person und Ihr finanzieller Background stehen hier im Fokus der Bank.

**Wie ermittelt die Bank Ihre Bonität?**

Dafür sind gleich zu Beginn drei Kriterien entscheidend:

**1. Sie benötigen ein stabiles Einkommen**

Diese Voraussetzung klingt logisch. Die große Frage ist jedoch: Ab welcher Höhe des Einkommens ist ein Immobilienkauf denn möglich? Hier kann ich Ihnen eine Untergrenze von 1.900 € Nettoeinkommen pro Monat als groben Richtwert nennen.

Klar muss Ihnen dabei sein, das Sie auf dieser Basis keine großen Mehrfamilienhäuser kaufen können. Genau darum geht es am Anfang auch gar nicht. Mit dieser stetigen Kapitalausstattung ist aber der Kauf einer kleinen Eigentumswohnung kein Problem.

Diese Grenze gilt hierbei für Ledige. Wenn Sie verheiratet sind, liegt die Untergrenze bei ca. 2.500 €. Für jedes Kind sollten es dann noch einmal 300 € pro Monat mehr sein. Im Ergebnis heißt das: Bei einer vierköpfigen Familie mit zwei Kindern ergibt sich eine Einkommensuntergrenze von 3.100 € netto im Monat. Ganz wichtig: Es handelt sich hier um grobe, erfahrungsbasierte Richtwerte zur Orientierung. Je nachdem, wie viel Eigenkapital Sie besitzen, ob und welche Zusatzsicherheiten Sie bieten können und wie Sie sich und das Objekt bei der Bank verkaufen können, beeinflussen diese weiteren Faktoren das Gelingen eines Investments maßgeblich.

Das Einkommen ist auch der größte Trumpf für die Haushaltsrechnung.

**Wichtig in der Praxis:** Das Einkommen muss nachhaltig sein. Wenn Sie also bei Ihrem Verdienst viele variable Anteile wie Schichtzuschläge oder andere Zuschläge haben, werden diese von der Bank heruntergerechnet.

## 2. Ihre Vermögensbilanz muss positiv sein

Neben dem stetigen Einkommen spielt die aktuelle Vermögenssituation eine wichtige Rolle. Dazu sollten Sie eine Vermögensbilanz aufstellen. Dabei fassen Sie die Guthaben und Vermögenswerte auf der einen Seite und die Verbindlichkeiten auf der anderen Seite zusammen.

Rechnet man nun diese beiden Seiten gegeneinander auf, sollte hier ein positiver Wert stehen. Ergibt sich hier ein negativer Wert, ist der Plan des Immobilienkaufs nicht gleich zum Scheitern verurteilt. Ihnen muss aber klar sein, dass es dann schwieriger und vor allem auch teurer wird mit der Immobilienfinanzierung. Und ein Großteil der Banken wird Ihnen keinen Immobilienkredit geben.

Wie kann es sein, dass eine Vermögensbilanz negativ wird? Einfach erklärt: wenn Sie Schulden ohne gleich großen Gegenwert haben, beispielsweise 40.000 € Restkreditbetrag für ein Auto, das nur 20.000 € wert ist oder 10.000 € Kreditschulden für eine gemachte Weltreise. Schmunzeln Sie bitte nicht, solche oder ähnliche Beispiele kommen vor.

Zusätzlich prüft die Bank natürlich noch ergänzend die Daten der SCHUFA oder ähnlichen Auskunfteien. Nicht zu verachten ist auch die eigene Kontoführung – falls Sie schon Kunde bei der Bank sind. Auch dieser Aspekt spielt bei der Vergabe von Krediten eine Rolle.

Aus all diesen Faktoren formt die Bank Ihre persönliche Bonität. Im Endeffekt erhalten Sie eine Art Schulnote auf Basis der bankeninternen Berechnungen. Wichtig für Sie zu wissen: Diese Bonität ist sehr fest im Computersystem der Bank verankert, Aktualisierungen finden nur noch gelegentlich statt. Es passiert natürlich hauptsächlich dann, wenn neue Erkenntnisse vorliegen. Ganz wichtig für die Praxis: Diese Veränderung können Sie zwar Ihrem Bankberater mitteilen, doch das Eintragen dieser Veränderungen erfolgt durch eine unabhängige Instanz innerhalb der Bank.

**Ihr Ziel bei der Bonitätsprüfung ist ganz klar:** Sie sollten auf jeden Fall versuchen, ein bestmögliches Bankrating zu bekommen. Und genau hier spielt die Zeit auch eine große Rolle. Oft ist es eben so, dass eine Bank einige Monate Zeit benötigt, um die Prüfungen durchzuführen und ein endgültiges Rating zu vergeben. Daher sollten Sie als möglicher Investor schon frühestmöglich damit beginnen, den Kontakt zur Bank zu suchen. In der Praxis haben sich sechs Monate Vorlauf vor einem Kauf als gute Zeitspanne erwiesen.

### 3. Jetzt wird es konkret: die Haushaltsrechnung

Maßgeblich ist hier die Haushaltsrechnung auf Monatsbasis. Vereinfacht gesagt ist dies eine den allgemeinen Bankkriterien entsprechende Aufstellung Ihrer Nettoeinnahmen und Ausgaben.

Wichtig für die Bank: Wenn am Ende Ihrer Aufstellung herauskommt, dass die Einnahmen größer sind als die Ausgaben, ist das schon einmal ein positiver Aspekt. Das Ergebnis dieser Rechnung ist der Ihnen monatlich frei zur Verfügung stehende Betrag. Und wenn das Ergebnis kleiner als Null ist, kann ich nur an Sie appellieren, diesen Zustand möglichst schnell zu ändern. Am einfachsten funktioniert dies in der Regel mit dem vorzeitigen Ablösen von Kreditverpflichtungen. Aber auch – auf lange Sicht sinnvoll – kann der Wechsel in ein günstigeres Zuhause die Rechnung positiv beeinflussen.

Ob Sie dagegen zwei- oder dreimal im Monat zum Tanken fahren, interessiert die Bank nicht. Diese Kosten werden unter der Pauschale für die Lebenshaltungskosten subsumiert. Diese wird je nach Anzahl der Familienmitglieder größer, weshalb auch das Haushaltseinkommen mit den Familienmitgliedern steigen sollte, um gleich gut finanzierbar zu bleiben. Sie erinnern sich an die Ausführungen zur Einkommenshöhe?

Wenn Sie Ihre grundsätzliche Haushaltsrechnung fertig haben, müssen Sie noch die Immobilie Ihrer Begierde einpflegen. Denn Ihre aktuelle Haushaltsrechnung kann noch so gut aussehen – sie muss es auch noch nach dem Investment.

**Mein Standpunkt:** Wenn Sie den Kauf einer Immobilie planen, sollten Sie vorher Ihre eigenen Finanzen in Ordnung bringen. Das können Sie recht einfach mit der Haushaltsrechnung und Vermögensübersicht. Sobald sich hier schon negative Werte bei Ihrer Berechnung ergeben, müssen Sie erst einmal Ihre Hausaufgaben machen, bevor ein Immobilienkauf überhaupt sinnvoll ist.

Sollten Sie jedoch bei beiden Berechnungen (hohe) positive Werte ausweisen und vor allen Dingen beispielsweise keine Schulden besitzen, verbessert das Ihre Ausgangslage bei einer Finanzierung deutlich.

### *Tipp: Steigern Sie Ihre Bonität beziehungsweise Kreditwürdigkeit mit zwei Konten!*

Verwenden Sie immer zwei Konten von verschiedenen Banken: ein Einnahmenkonto für Ihr Gehalt beziehungsweise wo Gelder von außen eingehen – und ein Ausgabenkonto bei einer anderen Bank. Denn Banker wechseln, werden entlassen oder steigen auf. Der gute Kontakt, den Sie aufgebaut haben, bringt Ihnen dann nichts mehr. Außerdem bewertet die Bank Ihre Kreditwürdigkeit anhand der Kontoumsätze, die Sie haben. Haben Sie auf der einen Seite ein Eingangskonto, nehmen dann das ganze Geld und überweisen es auf das Ausgangskonto und zahlen von dort aus Ihre Rechnungen, sehen zwei Banken Ihre Kontoumsätze, und Sie können bei zwei Banken Kredite aufnehmen.

### *Tipps zum Umgang mit Bankberatern beziehungsweise Aufbau einer guten Beziehung*

1. Banker sind es gewohnt, dass man erst zu ihnen kommt, wenn es Probleme gibt. Also beispielsweise bei Überziehung des Kontos oder bei Geld- und Kapitalbedarf. Es ist jedoch sehr positiv, Bankgespräche zu führen, wenn gerade alles gut läuft – also der Bank zu zeigen, dass man was hat. Zum Beispiel „Guck mal, ich habe jetzt 50.000 € geerbt!“ oder „Guck mal, ich habe meinen Kredit abgelöst!“ oder „Guck mal, ich habe eine Gehaltserhöhung bekommen“ und so weiter. Genauso wie man zum Beispiel einen Kredit bei einer Bank am besten dann beantragt, wenn man ein schönes Guthaben vorzuweisen hat.

Wenn man das Guthaben dann später irgendwann nicht mehr hat beziehungsweise den Kredit braucht, bekommt es der Banker nicht mehr mit. Der Trick ist also: Versorge den Banker permanent mit „good news“.

2. Gehen Sie auf den Banker ein und gehen Sie in Vorleistung. Helfen Sie ihm, wo immer Sie können. Geben Sie ihm ideale Unterlagen. Bringen Sie ihm neue Kunden und sprechen Sie gut über ihn. Stellen Sie ihm wichtige Leute vor, die Sie vielleicht kennen – und so weiter. Auf diese Art und Weise bauen Sie die Bereitschaft des Bankers aus, Ihnen auf diesem Wege auch einmal etwas zurückzugeben.

**Tipp für die Praxis:** Sollten Sie tatsächlich neben einer Immobilie ein Auto kaufen beziehungsweise finanzieren wollen, erwerben Sie erst die Immobilie und finanzieren dann erst Ihren fahrbaren Untersatz. Obwohl ein Auto definitiv eine Verbindlichkeit ist, bekommt man es im Gegensatz zur Immobilie, einem Vermögenswert, hierzulande deutlich leichter finanziert. Verkehrte Welt.

## Erfolgsfaktor 3: Finanzierung

**Ist es Ihnen aufgefallen? Die ersten beiden Erfolgsfaktoren hatten noch gar nichts mit einer konkreten Immobilie zu tun! Auch der dritte Erfolgsfaktor ist in hohem**

**Maße eine persönliche Angelegenheit. Natürlich spielt hier Ihre Bonität eine große Rolle. Sie haben aber einige Stellschrauben, mit denen Sie die Finanzierung erfolgreich vorantreiben und an Ihre Ziele anpassen können. Tendieren Sie eher zu einer hohen Tilgung, um die Immobilie möglichst schnell zu entschulden und damit auch schneller nachbeleihen zu können? Oder doch lieber eine geringe Tilgung, um die Haushaltsrechnung besser aussehen zu lassen? Lange Zinsbindung für eine gute Kalkulationssicherheit oder kurze Zinsbindung für flexibles Handeln? Selbstverständlich muss das Objekt auch der Bank in letzter Instanz „passen", aber das meiste liegt – wieder – an Ihnen.**

### *So bewertet die Bank Ihr Eigenkapital*

Eigenkapital ist in den meisten Fällen ein knappes Gut. Bei Investments macht es Sinn, den Einsatz des Eigenkapitals zu dosieren, um einen großen Hebeleffekt zu haben und immer weiter investieren zu können. Und eben das ganze Pulver nicht gleich beim ersten Mal zu verschießen. Damit Ihnen das gelingt, müssen Sie aber auch wissen, wie die Banken Ihre persönliche Einkommenssituation bewerten und daraufhin den Beleihungswert festlegen.

Banken sind vor allem auf Sicherheit bedacht. Bei der Kreditvergabe geht es ihnen in erster Linie darum, das Ausfallrisiko für den jeweiligen Kredit so niedrig wie möglich zu halten. Dieser Gedankengang der Bank muss Ihnen als Investor immer klar sein.

Wie also Banken Objekte bewerten, ist von ganz großer Bedeutung, was Ihnen das folgende Beispiel aufzeigen soll.

Eine Immobilie kostet 100.000 € und inklusive der Nebenkosten ca. 109.000 € (Beispiel: Bayern inklusive Maklergebühren).

Bei einer qualitativ hochwertigen Immobilie dürfte es ohne Frage möglich sein, den kompletten Kaufpreis mithilfe einer Bank zu finanzieren. Wenn Sie der Bank bekannt sind und über eine gute Bonität verfügen, ist sogar eine Finanzierung inklusive der Nebenkosten möglich. Hier sollten Sie aber den Bogen nicht überspannen, denn Sie müssen auf jeden Fall noch den Überblick über Ihre Finanzierungen behalten.

Während der heißen Phase des US-Immobilienmarkts vor der Finanzkrise 2008 sind auch Finanzierungen von 120 % des Kaufpreises und mehr möglich gewesen. Die Bank setzte hier schlicht und einfach auf eine weitere Wertsteigerung des Objekts, womit auch die höhere Kreditsumme wieder abgesichert war. Doch das ging nur eine Zeit lang gut und endete in einer massiven Krise mit Hausbesitzern, die in die Pleite gerutscht waren.

**Daher mein Tipp:** Finanzieren Sie bei Investments in aller Regel maximal 100 % und steuern Sie zumindest die Nebenkosten aus dem Eigenkapital bei. Sollten Sie gar 20 % Eigenkapital einbringen können (und wollen), so hat dies positive Auswirkungen:

Die Höhe der Finanzierungsrate wird bei gleicher Tilgung deutlich günstiger, und der Zins fällt aufgrund des geringeren Blankoanteils (Erklärung siehe weiter unten) ebenfalls deutlich niedriger aus.

Und dann gibt es noch die **Loan-To-Value Ratio (LTV)**, also das Verhältnis des Darlehensbetrages zum aktuellen Verkehrswert. Dieser Faktor bewertet die nachhaltige Sicherheit Ihres Portfolios.

Denn – was viele nicht wissen – die Bank kann nach § 490/I BGB unter gewissen Voraussetzungen auch ihrerseits kündigen. Und das nicht nur, wenn sich die Vermögensverhältnisse des Darlehensnehmers wesentlich verschlechtern, sondern auch, wenn die Sicherheiten, also die Immobilien, wesentlich an Wert verlieren würden. Wenn Sie also kurz vor einer platzenden Blase mehrere Objekte mit 110-%-Finanzierungen an unsicheren Standorten gekauft haben, dürfte es spannend werden ... Sobald Sie aber eine LTV von ca. 0,6 erreicht haben, sollten Sie für die Banken als nachhaltig sicher gelten.
Doch zurück zu unserem Beispiel. – Hier nun die Auflistung, wie die Bank Ihre Immobilie sieht:

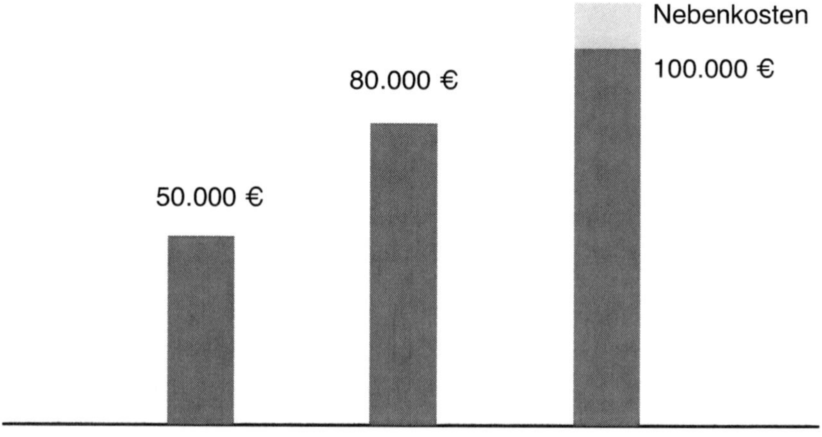

Die Summe von 50.000 € stellt den absoluten Minimalwert des Objekts dar. Diesen Preis wird die Bank im Fall einer Zwangsversteigerung der Immobilie in jedem Fall bekommen – auch wenn der Immobilienmarkt sehr schlecht läuft.

Die Summe von 80.000 € ist der reale Wert des Objekts, den es beispielsweise bei einer Zwangsversteigerung erzielen sollte – auch wenn der Immobilienmarkt zwischenzeitlich ins Schwanken geraten sollte. Dieser Wert wird auch als Beleihungswert bezeichnet und beläuft sich in der Regel, je nach Bank und Objekt, auf 70 bis 90 % des Kaufpreises.

Der Bereich zwischen 80.000 € und dem Kaufpreis von 100.000 € bildet für die Bank das Risiko. In der Bankenwelt wird dieser Bereich auch als **Blankoanteil** bezeichnet. Diese Summe ist aus Sicht der Banken nicht zu 100 % abgesichert – und das bedeutet eben, dass diese Summe dem Risiko ausgesetzt ist. Doch die Banken haben natürlich einen Weg, diesen Blankoanteil tatsächlich abzusichern. Hier kommen Sie als Käufer der Immobilie ins Spiel, und die Bank schaut unabhängig von der Qualität des Objekts auf Ihre Bonität.

**Dabei gilt ganz einfach die folgende Regel:**

- Je weniger Einkommen Sie haben, umso weniger sicher sind Sie für die Bank.
  Zur Absicherung möchte die Bank hier besonders viel Eigenkapital.
- Je mehr Einkommen Sie haben, desto sicherer sind Sie für die Bank.

Falls Sie über eine sichere Einkommensbasis verfügen, verzichtet die Bank logischerweise leichter auf Eigenkapital.

Im Übrigen möchte die Bank nach Möglichkeit noch weniger als den Beleihungswert finanzieren, also den Beleihungsauslauf möglichst gering halten. Wenn Sie also ein Objekt für 100.000 € kaufen möchten, die Bank den Beleihungswert auf 80.000 € ansetzt und Sie 60.000 € finanzieren wollen, dann kämen Sie auf einen Beleihungsauslauf von 0,75. Dies sei aber nur der Vollständigkeit halber erwähnt.

Wenn die Immobilie und Ihre Bonität (zueinander) passen, stehen die Chancen auf jeden Fall recht gut, eine Finanzierung des vollständigen Kaufpreises zu bekommen. Wie Sie schon wissen, sollten Sie nicht zu viel Eigenkapital einsetzen. Die Spanne des Eigenkapitaleinsatzes, die sich als sinnvoll erwiesen hat, bewegt sich dabei von 0 bis 20 % des Kaufpreises.

### *1. Mindestens Kaufnebenkosten aus Eigenkapital*

Für die Kaufnebenkosten kommt es stark darauf an, wo Sie die Immobilie erwerben. Die Grunderwerbsteuer kann zwischen 3,5 und 6,5 % des Kaufpreises betragen, für Notar- und Grundbuchkosten sollten Sie insgesamt 2 % ansetzen. Falls die Immobilie von einem Makler kommt, bewegt sich dessen Provisionsanspruch in der Regel zwischen 3,57 und 7,14 %. Je nach Bundesland und Maklerkonstellation können die grundsätzlichen Kaufnebenkosten also zwischen ca. 5,5 bis über 15 % des Kaufpreises ausmachen. Alle Kaufnebenkosten sollten Sie aus Eigenmitteln bedienen können.

Wie bereits erwähnt, bekommen Sie in manchen Fällen auch durchaus die die Kaufnebenkosten mitfinanziert, jedoch müssen Sie sich und die Immobilie hier schon sehr gut dem Banker gegenüber verkaufen können oder Sie haben eine gute Historie bei der Bank, einen sogenannten „Track Record". Aber auch dann haben Sie idealerweise etwas Eigenkapital in der Hinterhand oder sparen es zumindest für „schlechte Zeiten" an.

Je nachdem, ob Sie den Regler mehr in Richtung Vollfinanzierung oder mehr in Richtung Eigenkapitaleinsatz verschieben, haben Sie jeweils verschiedene Vor- und Nachteile. Nur weniger als 80 % des Kaufpreises zu finanzieren macht als Investor kaum mehr Sinn. Die Kapitalreserven sinken, der Hebeleffekt wird massiv kleiner und auch die Zinsvorteile werden immer marginaler.

**Vorteile einer Vollfinanzierung:**

- Maximale Eigenkapitalrendite/maximaler Hebeleffekt
- Ausreizung der steuerlichen Möglichkeiten im Rahmen der Finanzierung
- Eigenkapitalpuffer für schlechte Zeiten/weitere Investments bleibt erhalten
- Einzige Möglichkeit für Käufer mit wenig Eigenkapital

**Vorteile einer Finanzierung mit beispielsweise 20 % Eigenkapital:**

- Geringerer Beleihungsauslauf und dadurch niedrigerer Zinssatz
- Bessere Haushaltsrechnung
- Objekt kann leichter/schneller nachbeliehen werden
- Deutlich schnellere Abzahlung des Objekts bei gleicher Ratenhöhe als bei einer Vollfinanzierung

Als Sie sich die vorherigen Zeilen durchgelesen haben, werden Sie für sich bestimmt sofort anhand eines Bauchgefühls festgestellt haben, was eher Ihrem Ansatz entspricht. Vielleicht haben Sie auch gerade nur wenig Eigenkapital zur Hand, dann funktioniert es ausschließlich über den größtmöglichen Fremdkapitalhebel.

Interessant finde ich immer wieder, wie sehr ein signifikanter Eigenkapitaleinsatz die Abzahlung beschleunigt.

**Beispielfinanzierung mit 0 und 20 % Eigenkapitalquote:**

Wenn Sie eine Wohnung mit Gesamtkosten in Höhe von 100.000 € erwerben und den vollen Betrag mit 2 % Zinsen und 2 % anfänglicher Tilgung finanzieren, haben Sie eine monatliche Rate in Höhe von 333,33 € zu bedienen und brauchen ca. 34 Jahre und 9 Monate zur vollständigen Abzahlung der Immobilie.

Wenn Sie die gleiche Wohnung mit 20 % Eigenkapital erwerben, erhalten Sie mit Sicherheit einen deutlichen besseren Zinssatz, hier konservativ mit 1,8 % angenommen, und brauchen mit derselben Ratenhöhe von 333,33 € nur ca. 24 Jahre und 10 Monate zur vollständigen Abzahlung. Also knapp 10 Jahre weniger.

Natürlich sollte die vollständige Abzahlung der Immobilie kein Hauptmotiv für einen Investor sein. Sie kann bei der Variante mit mehr Eigenkapitaleinsatz aber ein angenehmer (Neben-)Effekt sein, und bei einem Verkauf bekommen Sie dementsprechend mehr Erlös auf Ihr Konto.

**Tipp:** Wenn Sie viel Eigenkapital auf der Seite haben und auch nur in Maßen investieren möchten, stecken Sie ruhig einen größeren Teil davon in Ihre Immobilien. Das Geld ist nicht weg, sondern steckt als bereits bezahlter Anteil in Ihrer Immobilie. Und wird im Gegensatz zu anderen Anlageformen überdurchschnittlich verzinst.

Sollten Sie hingegen in größerem Stil investieren wollen und/oder haben Sie Immobilien mit unklarem Kapitalaufwand für die nächsten Jahre in Ihrem Bestand, sollten Sie – wie bereits erwähnt – auf jeden Fall ausreichend schnell verfügbares Eigenkapital in der Hinterhand behalten.

### *2. Guter Kontakt zu Banken*

Gerade bei der ersten Finanzierung ist es besonders wichtig, gute Kontakte zu Finanzvermittlern oder Banken aufzubauen. Wenn Sie diese selbst noch nicht haben, hören Sie sich auf jeden Fall in Ihrem persönlichen Umfeld um.

Sicherlich haben dort schon einige Ihrer Freunde und Bekannten Immobilien gekauft und können Ihnen Tipps geben. Solche Kontakte sind wichtig, um Vertrauen auf der anderen Seite aufzubauen. Denn eines muss Ihnen klar sein: Als Anfänger im Immobiliengeschäft müssen Sie sich das Vertrauen erst noch erarbeiten.

Alle vorgenannten Aspekte sind wichtige Basics, die noch vor dem ersten Immobilienkauf für Sie vor allem aus finanzieller Hinsicht absolut essenziell sind. Doch es warten noch viele weitere Fallstricke bei dann konkret vorhandenen Objekten auf Sie.

### *So läuft es in der Bank ab: Versetzen Sie sich in die Lage der Bank!*

Banken kommen vielen Immobilieninvestoren wie eine Blackbox vor: Auf der einen Seite füttert man sie mit Informationen, und wenn man Glück hat, kommt auf der anderen Seite der gewünschte Kredit heraus. Für den Erfolg von Finanzierungen ist es durchaus wichtig zu wissen, wie denn der interne Prozess bei den Banken abläuft. So können Sie Ihre Anlagen direkt passend bei der Bank einreichen.

**Die entscheidenden Begriffe bei der internen Abwicklung von Kreditanfragen in Banken lauten:**

1. Markt
2. Marktfolge

Hinter dem Stichwort **Markt** verbirgt sich der persönliche Bankberater, der sich direkt um Ihre Finanzierung kümmert und mit dem Sie auch die maßgeblichen Gespräche führen. Bei dieser Anlaufstelle ist es sogar notwendig, dass es direkten Kundenkontakt gibt.

Bei der **Marktfolge** handelt es sich um Bankmitarbeiter, die unabhängig von der ersten Prüfung Ihrer Unterlagen noch ein zweites Mal auf die Unterlagen schauen. Hier ist es jedoch gerade nicht vorgesehen, dass es zu Kundenkontakten kommt. In vielen Fällen ist das ein Buchhalter, der genau auf die vorgelegten Zahlen bei den Finanzierungsunterlagen schaut.

Damit gilt an dieser Stelle das gesetzlich vorgeschriebene Vieraugenprinzip des Marktes und der Marktfolge.

**Der Ablauf der Finanzierung sieht nun wie folgt aus:**

- Ihr Bankberater erhält die von Ihnen aufbereiteten Finanzierungsunterlagen und fasst die dort gemachten Angaben in einer Kreditvorlage zusammen. An dieser Stelle gibt der Bankberater dann ein Votum für Ihre Finanzierungsanfrage ab. Fällt das Votum an dieser Stelle positiv aus, wird die Finanzierungsanfrage an die Marktfolge weitergeleitet.

- Nun ist die Marktfolge an der Reihe, um auf Basis der vorliegenden Daten das Votum des Marktes zu bestätigen. Erst dann ist es überhaupt möglich, für Sie eine erfolgreiche Finanzierung auf die Beine zu stellen.

Dazu müssen Sie wissen, dass der Bankberater vor Ort eher auf Ihrer Seite steht, denn diese Mitarbeiter der Banken sind umsatzorientiert und an einer großen Anzahl von Finanzierungen interessiert. In der Marktfolge sind jedoch eher Buchhaltertypen tätig, die nur auf die Zahlen schauen und das Risiko für die Bank abschätzen müssen.

An diesem internen Ablauf erkennen Sie schon: Es hilft wenig, wenn Sie den Bankberater vor Ort um den Finger wickeln und ihn davon überzeugen, was für ein herausragender Typ Sie sind. Das wird nicht ausreichen, um eine Finanzierung zu bekommen. Vielmehr muss es Ihr Ziel sein, die Finanzierungsunterlagen so gut aufzubereiten, dass Sie für sich sprechen und auch die Marktfolge überzeugen können.

### *Welche Finanzierungsart ist die richtige?*

Ebenso wie über die richtige Aufstellung der Lieblingsfußballmannschaft oder den besten deutschen Autobauer lässt sich auch über Immobilien vortrefflich diskutieren. Es gibt meist nicht nur schwarz oder weiß, sondern viele Wege führen zum Ziel. So auch bei der Frage nach der richtigen Finanzierungsart.

Jede Bank, ja sogar jede Filiale, hat dabei ihre Eigenheiten, was sie wo und wie finanzieren möchte. Wenn Bausparwochen sind, können Sie davon ausgehen, dass Ihnen Ihr Bankberater einen solchen ans Herz legt. Das Annuitätendarlehen geht immer, hier geht es meist nur um die Laufzeit. Und manche Banken gehen auch mit Varianten mit anderweitigen Tilgungsersatzträgern wie Lebensversicherungen oder abgetretenen Fonds oder Depots eine Finanzierung ein. Dann gibt es noch die Möglichkeit variabel zu finanzieren, gekoppelt an den EURIBOR. Und Sie können schon Jahre vor dem Ablauf eines Darlehens bereits den Restbetrag mit einem Forwarddarlehen weiter finanzieren.

All diese Varianten haben ihre Vor- und Nachteile und Befürworter und Gegner. All diese Varianten haben auch – zu Recht – ihren festen Platz als Alternativen. Alle Varianten durchzugehen würde den Rahmen des Buches aber sprengen, weshalb ich Ihnen an dieser Stelle einen der wichtigsten Ratschläge des ganzen Buches mit auf den Weg geben möchte: **Es ist wichtig, dass Sie zwei bis drei gute Finanzierungspartner finden!**

Das hört sich nicht besonders anspruchsvoll oder nach einem guten Geheimtipp an. Es ist aber der wichtigste Ratschlag, den Sie in Bezug auf Finanzierungen bekommen können!

Ich werde das gerne ausführen:

Wenn man die erste Immobilie kauft, rennt man oftmals noch von Bank zu Bank zu Finanzierungsvermittler, um ja das beste Angebot auf dem Markt zu bekommen. Am Ende 0,1 % gespart? Super, nichts verschenkt. Jackpot! Falls Sie bislang so gedacht haben, ist das überhaupt kein Problem und absolut nachvollziehbar. Ich habe nicht anders angefangen.

Das Wichtigste ist aber, und das werden Sie mit der Zeit und den Investments merken, schnelle Zusagen zu bekommen und auf Dauer finanzierbar zu bleiben!

Das geht aber nicht, wenn Sie bei jeder neuen Finanzierung unzählige Banken und Finanzierungsvermittler abklappern. Nicht nur, dass sowieso nur eine Partei den Zuschlag bekommen kann und viel Mühe auch von Ihnen umsonst ist, es werden einige spätestens nach dem dritten Mal nicht mehr mitmachen. Verständlich, wenn die Arbeitszeit und die gemachten Angebote nicht honoriert werden. Vom Geschwindigkeitsnachteil gegenüber anderen Mitbewerbern um die Immobilie einmal ganz abgesehen.

Sie brauchen zwei oder drei Banker und/oder Finanzierungsvermittler. Banker, die in einer Position sind, bis zu einem gewissen Maße selbst entscheiden zu dürfen. Finanzierungsvermittler, die bei einigen Banken ein gutes Standing haben und Sie zu vertreten wissen.

Es ist auf lange Sicht völlig unerheblich, ob Sie 0,2 % mehr oder weniger an Zinsen zahlen. Es ist wichtig, schnell und sicher eine Finanzierung zu bekommen. Und das geht nur, wenn Sie mit den gleichen, wenigen Partnern Geschäfte machen und dort einen Track-Record nachweisen können.

**Und seien wir mal ehrlich:** Wenn sich ein Investment nur wegen einer um 0,2 % besseren Finanzierung für Sie rechnet – dann lassen Sie das Objekt besser gleich liegen und fokussieren sich und suchen noch einmal neu.

### *Lange oder kurze Zinsbindung?*

Wenn Sie flexibel sein möchten, hat es sich bewährt, variabel oder nur maximal mittelfristig (also mit maximal fünf Jahren Zinsbindung) zu finanzieren. Wenn Sie sich absolut sicher sind, dass Sie die Immobilie Ihrer Wahl länger oder gar ein Leben lang behalten möchten, kann es auch Sinn machen, langfristig (also mit Zinsbindungen von zehn Jahren oder mehr) zu finanzieren.

Aber nur dann. Denn der große Nachteil einer langfristigen Zinsbindung ist die Pflicht zur Zahlung einer Vorfälligkeitsentschädigung, wenn das Darlehen vor Ende der Zinsbindung vorzeitig abgelöst werden soll. Unerheblich ist dabei aber, ob Sie Ihr Darlehen auf zehn, 20 oder noch mehr Jahre abschließen. Denn nach zehn Jahren erhalten Sie in jedem Fall ein Sonderkündigungsrecht, ohne dass irgendwelche „Strafzahlungen" fällig wären.

Dieses Sonderkündigungsrecht gibt es aber eben erst nach den zehn Jahren. Möchten Sie, beispielsweise aufgrund eines vorzeitigen Verkaufs, schon früher aus dem Vertrag austreten, besteht wieder die Pflicht zur Zahlung der Vorfälligkeitsentschädigung. Dies ist im Übrigen kein Grund, auf die Bank sauer zu sein. Sie wollten Zinssicherheit, und nach ein paar Jahren entscheiden Sie sich anders. Daher ist es klar, dass die Bank den Zinsschaden (zumindest teilweise) ersetzt haben möchte.

Unter Umständen können Sie auch mit einem Sicherheitentausch arbeiten. Wenn Sie der Bank eine andere Sicherheit für das Darlehen anbieten können (beispielsweise eine andere Immobilie oder ein prall gefülltes Depot), können Sie das Darlehen unter Umständen bis zu dem Zeitpunkt, an dem keine Vorfälligkeitsentschädigung mehr gezahlt werden muss oder diese zumindest auf ein erträgliches Maß gesunken ist, fortführen.

**Mein Fazit:** Bereiten Sie Ihre Unterlagen perfekt und regelmäßig auf. Suchen Sie sich zwei bis drei **kompetente** Finanzierungspartner. Und auch bei der Finanzierung ist es wieder essenziell, dass Sie wissen, was Sie wollen!

Gerade auf die Finanzierung und auf die Bonität sollten Sie Ihr Augenmerk richten. Was nützt Ihnen ein Top-Objekt, wenn dann die Finanzierung nicht zustande kommt. Die Tipps in diesem Buch bilden eine gute Basis.

Doch eines ist auch klar: Gerade bei den Finanzen warten noch viele weitere Fallstricke auf Sie. Wie Sie die am besten umschiffen, erfahren Sie regelmäßig in meinem Investoren-Brief. Alle Infos dazu unter
www.immo-elite.de/invest

# Kapitel 2
# Unterschiedliche Immobilien-Assetklassen

## Objektportfolio: So gelingt Ihnen der Aufbau

**Beim Aufbau eines Objektportfolios müssen Sie als Immobilien-Investor erst einmal einige grundlegende Überlegungen anstellen. Die lassen sich in den beiden folgenden Fragen zusammenfassen:**

- **Was ist meine Zielsetzung?**
- **Wie viel Erfahrung habe ich?**

**Grundlegende Ziele oder Fragen beim Aufbau eines Immobilienportfolios sind**

1. Bestandshaltung
2. Entwicklung
3. sichere Geldanlage
4. Investition von viel oder wenig Zeit?
5. Einsatz von viel oder wenig Eigenkapital?
6. Agieren mit viel oder wenig Risiko?

Diese Liste ist natürlich nicht vollständig – doch sie zeigt Ihnen schon bei dieser Anzahl an Punkten, wie breit gefächert Ihre Überlegungen sein sollten. Das spielt auch bei der Objektauswahl immer eine Rolle.

Bei der Objektauswahl sollten Sie bereits im Vorfeld für sich genau abklären, in welcher Größenordnung Sie tatsächlich eine Immobilie erwerben möchten.

Kommen für Sie

- Eigentumswohnungen,
- Mehrfamilienhäuser oder sogar
- Gewerbeimmobilien

infrage?

Gerade bei Gewerbeimmobilien sind einige Dinge zu beachten. Gewerbeimmobilien sind für Privatinvestoren in der Regel nur ein Nischenthema, und geforderte Eigenkapitalanteile in Höhe von bis zu 40 % des Kaufpreises sind hier durchaus üblich. Aus diesen Gründen möchte ich diese einfach nur erwähnt haben.

Nachdem Sie sich Gedanken über Ihren Fokus und Ihre persönlichen Ressourcen gemacht haben, geht es daran, dass Sie die verschiedenen Assetklassen innerhalb der Immobilienarten verinnerlichen und in Einklang mit Ihrer Motivation bringen. Es ist nämlich wichtig, dass Sie gezielt suchen können und nicht bei jedem Angebot erst neu und planlos zu prüfen beginnen.

Neben der Wahl zwischen einer einzelnen Wohnung und einem ganzen Haus stehen noch weitere Optionen zur Verfügung. Wollen Sie auf Charme und steuerliche Sonderoptionen setzen? Dann ist vielleicht das Thema Denkmalschutz für Sie interessant. Möchten Sie lieber auf (Zukunfts-) Sicherheit setzen und vielleicht damit sogar Ihr Kapital erhöhen? Dann sollten Sie sich das Thema Neubau näher ansehen.

Aber steigen wir einfach ein!

## Eigentumswohnung oder Mehrfamilienhaus – Was ist besser?

Bei der Immobilienauswahl gibt es mannigfaltige Optionen. Eine wichtige Frage, die Sie sich immer wieder einmal stellen werden: Soll ich (als nächstes) eine Eigentumswohnung erwerben oder gleich ein komplettes Mehrfamilienhaus kaufen? Nicht nur die Größe ist hier eine wichtige Variable, es gibt noch weitere Unterschiede und Vor- und Nachteile der jeweiligen Immobiliengattung.

Gleich zu Beginn muss Ihnen als Investor natürlich erst einmal die Tragweite der Entscheidung klar sein. Deshalb ist es wichtig, verschiedene Überlegungen anzustellen, die bei der Frage nach Wohnung oder Mehrfamilienhaus eine wichtige Rolle spielen und Ihnen die Entscheidung leichter machen:

1. Welche Objektgrößen und Investitionsvolumina kommen auf mich zu?
2. Wie hoch sind die Risiken?
3. Wie kann ich als Investor selbst den Erfolg dieses Investments bestimmen?
4. Wie viel Einsatz muss ich als Investor bringen?
5. Welche Exitmöglichkeiten habe ich bei den Objekten?

### *1. Größe und Volumen des Investments*

Eigentumswohnungen sind klein und auch mit wenig Kapitalaufwand zu finanzieren. Selbst heute sind noch Käufe unter 100.000 € möglich – wenn Sie in C-Lagen danach Ausschau halten. Allein daraus ergibt sich schon der Ansatz, dass Eigentumswohnungen erst einmal für Anfänger sehr gut geeignet sind. Sie können hier so etwas wie einen Testballon starten, ob das Thema Immobilien-Investment überhaupt etwas für Sie ist.

Zu klein und zu günstig dürfen Wohnungen für viele Banken auch nicht sein. Mancherorts gibt es Mindestgrößen und/oder Mindestdarlehenshöhen, unter denen eine Finanzierung kategorisch ausgeschlossen wird. Insbesondere wenn es um Kleinstwohnungen im Bereich von 20.000 bis 30.000 € und die dazu passende Finanzierung geht, wird es schon schwierig. Diese untere Schwelle können Sie natürlich dadurch umgehen, dass Sie ein Paket schnüren und mehrere Wohnungen zusammenfassen und dann gemeinsam finanzieren.

Auf der anderen Seite scheuen viele Investoren bei den Mehrfamilienhäusern die großen Summen. Doch genau das muss nicht sein. Mehrfamilienhäuser müssen nicht gleich 500.000 oder 1 Million € kosten. Auch hier gilt wieder: Schauen Sie auf die eher schwachen Lagen. Hier rede ich von C-Lagen, die aber dennoch Potenzial bieten. Hier können Sie als Investor Mehrfamilienhäuser im Bereich zwischen 200.000 und 400.000 € erwerben und so gleich ein größeres Investment mit höheren Flächen umsetzen.

### Kosten und Größe der Objekte

Für die Investitionsgröße ist natürlich auch der Preis entscheidend. Und hier habe ich in der Vergangenheit regelmäßig festgestellt, dass in vielen Fällen eben die Preise bei Mehrfamilienhäusern günstiger sind – immer bezogen auf den Quadratmeterpreis. Was dahinter steckt, ist relativ simpel. Wenn Sie eine Eigentumswohnung kaufen wollen, konkurrieren Sie immer auch mit anderen Marktteilnehmern – hier natürlich vornehmlich mit den Eigennutzern von Immobilien. Die fallen in den allermeisten Fällen bei Mehrfamilienhäusern weg – es sei denn, eine Großfamilie sucht eine neue Bleibe.

**Achtung:** Dies gilt nicht für stark nachgefragte Standorte. Denn hier konkurrieren Sie mit Fonds, Banken, Family-Offices und Bauträgern. Letztere haben auch kein Interesse an einzelnen kleinen Wohnungen, sondern kaufen Mehrfamilienhäuser auf, steigern den Wert durch bauliche Maßnahmen und verkaufen zur richtigen Zeit und erfolgter Aufteilung wieder gewinnbringend ab. Daher ist es nicht unüblich, dass an solchen Standorten die Quadratmeterpreise von Mehrfamilienhäusern sogar über denen einzelner Wohnungen liegen.

### *2. Wo liegen die Risiken der einzelnen Investmentformen?*

Das ist ein wichtiger Faktor, der von einigen Investoren sträflich vernachlässigt wird. Denn auch wenn Immobilien als Investment eine hohe Sicherheit bieten, ergeben sich bei bestimmten Anlageformen immer auch spezifische Risiken. Wenn Sie die kennen, können Sie im Vorfeld schon einschätzen, ob Sie tatsächlich für ein solches Investment bereit sind.

Kurz und knapp: Da eine Eigentumswohnung in der Regel kleiner ist, kann in der Praxis auch weniger schiefgehen.

Etwas ausführlicher: Die Einschätzung erfolgt leichter, denn in aller Regel gibt es eine Hausverwaltung, Protokolle der Eigentümerversammlung und detaillierte Abrechnungen. Und in die Instandhaltungsrücklage treten Sie auch automatisch mit ein und können in der Zukunft davon profitieren, was Ihre Miteigentümer in der Vergangenheit angespart haben.

Solch detaillierte Informationen erhalten Sie beim Kauf eines Mehrfamilienhauses vom Verkäufer leider nicht. Auch eine Instandhaltungsrücklage können Sie in aller Regel nicht übernehmen. Doch auch bei einem Mehrfamilienhaus können Sie als Investor die Risiken sehr gut verteilen. Hier geht es vor allen Dingen darum, dass sich Ihre Mieteinnahmen von vornherein aus mehreren Quellen speisen. Nehmen wir an, Sie kaufen ein Mehrfamilienhaus mit sechs Mietparteien, und zwei Mietparteien ziehen kurzfristig aus. Dann haben Sie immer noch den Cashflow aus den bestehenden vier Mietverhältnissen und können entspannt neue Mieter für die zwei leerstehenden Wohnungen suchen. Wenn Sie nur eine Eigentumswohnung besitzen und der Mieter zieht aus, kann es sehr schnell zum Komplettausfall der Mieteinnahmen für einen begrenzten Zeitraum kommen.

Im Endeffekt können Sie ein Mehrfamilienhaus als eine Art Versicherung bezeichnen. Sie versichern sich selbst gegen aufkommende Risiken, in dem die Mieteinnahmen aus verschiedenen Quellen kommen.

Dass Sie mit dem Kauf einer Eigentumswohnung in eine Eigentümergemeinschaft eintreten, hat auch nicht nur Vorteile. Sie sind einer von vielen Eigentümern und hier kommt es darauf an, dass die einzelnen Eigentümer miteinander klarkommen. Ist dies nicht gegeben, kann auch eine kleine Eigentumswohnung viel Ärger bereiten, wenn sich einzelne Mitglieder der Wohnungseigentümergemeinschaft (WEG) als Querulanten herausstellen. Das Risiko haben Sie bei einem Mehrfamilienhaus natürlich nicht, denn hier übernehmen Sie es komplett und bestimmen ganz allein was passiert.

### *3. Mehrfamilienhaus bietet mehr Freiheit und Kreativität*

Hier ist der Unterschied der beiden Varianten besonders groß. Bei einer Eigentumswohnung sind Sie – wie schon beschrieben – an die Beschlüsse der Eigentümerversammlung gebunden. Der Spielraum für einzelne Eigentümer ist hierbei gering. Das sieht bei Mehrfamilienhäusern natürlich ganz anders aus, wo Sie eben selbst bestimmen, was mit dem Haus tatsächlich gemacht wird. Wenn Sie also als Immobilieninvestor nach Freiheit und Kreativität streben, gibt es für Sie nur eine mögliche Anlageform: das Mehrfamilienhaus.

### *4. Wie viel Arbeit macht ein solches Investment?*

Sie können mit der Entscheidung zwischen Wohnung oder Mehrfamilienhaus bereits Einfluss auf den zu erwartenden Aufwand nehmen.

**Wohnung**
Wenn Sie eine Wohnung in einer WEG erwerben, finden Sie in aller Regel auch einen extern bestellten Hausverwalter und eine Instandhaltungsrücklage für das Gebäude vor. Zudem können Sie sich die letzten drei Protokolle und Abrechnungen der Gemeinschaft aushändigen lassen und wissen nach deren Studium im Goßen und Ganzen über

die Vorgänge in Bezug auf Haus und Gemeinschaft Bescheid.

Dadurch, dass Sie sich bei dem Investment in eine Wohnung nicht um die Bewirtschaftung des Hauses (sondern nur Ihrer Wohnung) kümmern müssen, fällt der größte Posten an Aufwand für Sie hier persönlich weg.

In erster Linie haben Sie sich nur um Ihre Wohnung und Ihren Mieter zu kümmern.

**Mehrfamilienhaus**

Wenn Sie aber ein ganzes Mehrfamilienhaus erwerben, geschieht dies meist ohne bestehende Hausverwaltung und ohne Rücklagenkonto, das Sie für sich nutzen können. Aufgrund der Tatsache, dass es auch keine Protokolle einer Eigentümergemeinschaft gibt, müssen Sie den Zustand des Hauses schon sehr genau selbst einschätzen können und grundsätzlich alles regeln.

**Vorteil Wohnung**

Wer selbst ein oder mehrere Mehrfamilienhäuser besitzt, wird ein Lied davon singen können, wie viel Aufwand in Kalkulation, Angebotseinholung und -Vergabe und Verwaltung des Hauses steckt. Und oben drauf kommt natürlich noch die Bewirtschaftung der Wohnungen.

Ich muss Sie also enttäuschen: Insbesondere Mehrfamilienhäuser sind keine rein passive Anlagemöglichkeit.

Ich persönlich gestalte aber diese Investitionsmöglichkeit so passiv wie möglich. Ich setze immer eine externe Hausverwaltung ein, lasse jegliche Handwerkerarbeiten durch diese vergeben und begleiten und auch die Verwaltung der Einheiten in den Mehrfamilienhäusern (also jegliche Korrespondenz mit den Mietern) übernehmen die Hausverwaltungen für mich.

Und trotzdem ist es immer noch einiges an Aufwand, alles mit der Hausverwaltung zu besprechen, zu kalkulieren, abzustimmen und gemeinsame Termine am Objekt einzurichten. Sie müssen regelmäßig nachjustieren.

Sollten Sie gar alle Zügel in der Hand behalten wollen, dann sind Sie auch kein Investor, sondern Hausverwalter, Makler, Handwerker, Entrümpler etc. in Personalunion. Und wieder im Hamsterrad. Wenn auch Ihrem eigenen.

Im Übrigen können Sie, auch ohne das ganze Haus zu besitzen, Ihre Wohnung(en) von einer Hausverwaltung im Rahmen der Sondereigentumsverwaltung (SEV) verwalten lassen. Auch das schafft zeitliche Kapazitäten und bringt die Immobilien näher in Richtung passives Einkommen.

**Mein Fazit:** Nach der Vorstellung der verschiedenen Aspekte von einzelnen Wohnungen und ganzen Mehrfamilienhäusern gibt es keinen klaren Gewinner. Denn Ihnen muss als Investor auch klar sein, dass individuelle Planungen und Strategien natürlich variieren. Und so spielt sicherlich auch die Persönlichkeit des Investors eine Rolle, ob nun eine Eigentumswohnung oder ein Mehrfamilienhaus besser geeignet ist.

Mehrfamilienhäuser bieten Ihnen in vielen Fällen den Kostenvorteil des günstigeren Einkaufs pro Quadratmeter – und das ist ein Faktor, der nicht zu unterschätzen ist.

Gleichzeitig ist Ihr Gestaltungsspielraum hier deutlich größer. Dafür müssen Sie aber als Investor auch mehr Zeit und natürlich auch Geld investieren.

Eigentumswohnungen als Investment sind eben kleiner und überschaubarer und speziell auch für Neulinge besser geeignet. Positiv formuliert, kann der geringe Gestaltungsspielraum auch als festgelegter Rahmen wirken, der Neulingen den Einstieg bei Immobilieninvestments erleichtert und dazu führt, dass kostspielige Fehler vermieden werden.

Einen guten Kompromiss stellt der Ankauf von Wohnungspaketen dar. Sie haben dabei Vorteile des normalen Wohnungskaufs (leichtere Objektprüfung, Eintritt in eine WEG mit Instandhaltungsrücklage, Objekt wird bereits verwaltet) gepaart mit den Vorteilen eines Mehrfamilienhauses (größeres Mitspracherecht beziehungsweise im besten Fall sogar die Stimmenmehrheit, mögliche Eigenkapitalbeschaffung durch Teilverkauf, größerer Hebel durch mehrere Einheiten). Gute Wohnungspakete sind zwar nicht leicht zu finden, aber die Suche lohnt sich!

## Immobilientypen

**Investoren machen sich in der Regel auf die Suche nach Bestandsobjekten. Diese sind deutlich günstiger als beispielsweise Neubauten, oft schon vermietet oder die Miethöhe zumindest leicht zu recherchieren, und aufgrund des Fehlens von Fördermöglichkeiten brauchen**

**solche auch nicht berücksichtigt oder mit eingerechnet werden. Die Prüfung ist daher relativ schnell abgeschlossen.**

Ich selbst investiere auch hauptsächlich in Bestandsobjekte und doch profitiere ich auch von Denkmalschutz- und Neubauobjekten beziehungsweise deren Vorteilen.

Ein Grund, um diese beiden Nischen näher zu betrachten. Und es gibt mehr zu erfahren als nur Geschichten von verpfuschten Nachwendesanierungen im Osten beziehungsweise den Hinweis auf die schlechte Rentabilität eines Neubaus und damit die Abstempelung als „No-Go". Vertrauen Sie mir!

## *Denkmalschutzobjekt oder Neubau? Nichts für Investoren?*

### Denkmalschutz-Immobilien als lukrative Nische

Altbauten sind nicht nur schön – Sie können damit auch Geld verdienen! In München ist es gar so, dass sanierte Altbauten einen höheren Mietzins erwirtschaften als Neubauten in gleicher Lage. Daran können Sie bereits erkennen, wie lukrativ diese Art von Immobilien sein kann.

Auf den folgenden Seiten möchte ich Sie nach Leipzig mitnehmen, wo ich ein Denkmalobjekt besitze und aktuell noch saniere.

Bevor wir das Thema jedoch vertiefen, möchte ich gleich zu Beginn ein Missverständnis aufräumen:

Nicht alle Altbauten sind Denkmäler! Es ist zwar so, dass alle Gebäude, die vor dem 01.01.1925 hergestellt wurden, als Altbauten gelten. Und deshalb der Gebäudeanteil standardmäßig linear mit 2,5 % auf 40 Jahre (statt 2 % auf 50 Jahre) abgeschrieben werden kann. Denkmäler wiederum müssen zwingend vom Landesdenkmalamt als solche erfasst worden sein. Was wiederum einiges an Pflichten, aber auch Möglichkeiten mit sich bringt.

Neben den Wohndenkmälern, so wie auch mein Haus in Leipzig eines ist und um das es im Folgenden gehen wird, gibt es auch Industriedenkmäler. Diese sind für Investoren in der Regel aber nicht relevant, weshalb wir uns auf die Wohndenkmäler konzentrieren werden.

**Meine Anfänge im Denkmalbereich**

Seit einigen Jahren habe ich sehr gute Kontakte nach und in Leipzig, und seit dieser Zeit stieg in mir auch der Wunsch auf, dort ein Gründerzeithaus zu besitzen. Auf der einen Seite waren und sind die Preise im Vergleich mit anderen nationalen Märkten trotz sehr positiver Entwicklung noch erschwinglich und auf der anderen Seite würden die steuerlichen Abschreibungsmöglichkeiten meine steuerliche Belastung signifikant senken.

Gleichwohl hatte ich einen großen Respekt vor der Thematik im Allgemeinen und vor Risiken im Speziellen. Damit meine ich nicht, die „Standardgeschichten“, die erzählt wurden, wenn ich die Wörter „Leizpig“ und „Altbau“ in den Mund nahm. Dass nach der Wende überteuerte Altbauten mit lausiger Sanierungsqualität und Pleite gehender Mietgarantiegesellschaften in Leipzig an der Tagesordnung waren, wusste ich. Diese Art der Goldgräberstimmung war und ist mir aber fremd.

Im Gegenteil: Aufgrund dieser Erfahrungen und Geschichten scheuen sich nach wie vor viele Käufer, Altbauten im Osten als Alternative wahrzunehmen. Mir – und vermutlich jedem anderen Investor an den dortigen Märkten – ist es ganz recht, wenn die Zahl der Konkurrenten nicht noch weiterwächst.

Ein großer Vorteil von Städten wie Leipzig oder Chemnitz ist das enorme Angebot an Denkmälern, sodass in der Regel jeder Geldbeutel und jede individuelle Anforderung bedient werden kann.

**Key-Facts Altbau mit Denkmalschutz**

- Preisniveau bei in der Vergangenheit sanierten Objekten ähnlich „normalem" Bestand des gleichen Sanierungs- beziehungsweise Baujahres
- Sanierungskosten eines Denkmals auf ähnlichem Level wie Neubaukosten
- Geringer Gestaltungsspielraum in Sachen Bauausführung
- Besondere potenzielle Schwachstellen
- Besondere Sanierungs- und Bauauflagen
- Besondere Fördermöglichkeiten
- Besondere steuerliche Gestaltungsmöglichkeiten
- Besonderer Charme, der an manchen Standorten auch durch Mieter gerne bezahlt wird (bspw. München)

### *Welche Motivation verfolgen Sie?*

Je nachdem, ob Sie sich für eine bereits sanierte Bestandswohnung entscheiden, eine durch einen Bauträger noch zu sanierende Wohnung wählen oder gar ein ganzes Haus kaufen, sind die Anforderungen und Möglichkeiten verschieden.

**Variante 1: Bestandswohnung**

Hier verfahren Sie im Endeffekt wie bei jeder anderen Wohnungsprüfung auch. Die Sanierung ist bereits Jahre oder Jahrzehnte her, daher brauchen Sie sich auch nicht aufwendig mit dem Papierkram, den Sie auf den nächsten Seiten noch vorgestellt bekommen, herumzuschlagen. Schauen Sie sich bei der Besichtigung insbesondere aber den Keller genauer an und achten Sie darauf, dass das Rücklagenkonto gut gefüllt ist. Sonst drohen unter Umständen größere Sonderumlagen, wenn Arbeiten am Gebäude anstehen.

Falls es sich immer noch um ein Sanierungsgebiet handeln sollte: Prüfen Sie, ob alle Ausgleichsbeträge bezahlt wurden oder ob noch Forderungen im Raum stehen. Falls dem so sein sollte, vereinbaren Sie im Kaufvertrag, dass diese für bereits beendete Arbeiten unabhängig vom Zeitpunkt der Fälligkeit vom Eigentümer zum Zeitpunkt der Herstellung zu bezahlen sind.

**Variante 2: Kauf vom Bauträger**

Hierbei handelt es sich um die Variante, die den Osten in Verruf gebracht hatte. Sündhaft teure Verkaufspreise, lausige Sanierungsleistungen und Mietversprechen, die vom tatsächlichen Markt meilenweit entfernt waren. Diese Zeiten sind meiner Erfahrung nach vorbei.

Der Einkaufspreis bewegt sich in der Regel auf regionalem Neubau-Niveau, die Sanierung ist beim richtigen Anbieter gehobener Standard (inklusive Aufzug, Parkettböden und Fußbodenheizung) und die Sanierungskosten (oder auch „nachträgliche Herstellungskosten" genannt) sind nach § 7i EStG im Zuge der Vermietung auf 12 Jahre komplett abzuschreiben. Bei einem Anteil von ca. 60 bis 80 % des Kaufpreises ein ordentlicher Cashback. Zudem kann ein großer Teil des Kaufpreises über die KfW-Bank und das Programm 151/152 geliehen werden.

**Tipp:** Besonderheiten KfW 151/152

- Zinssatz: 0,75 % auf 10 Jahre
- Tilgungszuschuss in Höhe von 12,5 % des KfW-Darlehensbetrages („KfW-Effizienzhaus Denkmal")
- Darlehensbetrag wird im Vorfeld mit einem Energieeffizienzexperten festgelegt

(Anm.: Stand KfW-Richtlinien 17.04.2018)

**Variante 3: Ganzes Objekt**

Bei meinem Hauskauf in Leipzig handelte es sich um diese Variante. Ich möchte nicht behaupten, dass ich absoluter Denkmalprofi bin – und die Erfahrungen in den ersten eineinhalb Jahren der Teilsanierung haben gezeigt, dass ich es definitiv nicht war –, doch habe ich genügend Basiswissen und finanzielle Reserven mitgebracht, um die unvorhergesehenen Hürden erfolgreich meistern zu können. Experte wird man nur durch die Praxis, aber ohne Netz und doppelten Boden kann die Praxis im Denkmalschutzbereich ordentlich in die Hose gehen.

**Die Vorteile, ein ganzes Objekt zu erwerben und zu sanieren, liegen auf der Hand:**

- Timing der Arbeiten selbst bestimmbar
- Umnutzungen leichter möglich
- Keine „Regiekosten“ eines Bauträgers
- Maximaler Lernfaktor
- Fördermöglichkeiten ähnlich dem Bauträgermodell

Sie können den Schwierigkeitsgrad dahingehend anpassen, indem Sie ein bereits in der Vergangenheit saniertes Haus erwerben möchten (und dann aber auch kaum welche der denkmaleigenen Vorteile nutzen können) oder die Wahl auf ein teilsaniertes Objekt fällt, bei dem Förderungen und steuerliche Gegebenheiten (teilweise noch) genutzt werden können.

### *Denkmalschutz in der Praxis*

Für mich war mein Haus ein guter Einstieg. Sechs von sieben Wohnungen waren zum Zeitpunkt meines Kaufs schon saniert, nur das Erdgeschoss musste nach der Umnutzung von Gewerbe auf Wohnen noch komplett saniert werden.

Nach der vollständigen Umnutzung im Erdgeschoss wurde auch die Frontfassade noch an die baulichen (andere Gestaltung für Wohnraum als für Gewerbe) und denkmalschutzrechtlichen Anforderungen angepasst.

Alte, vorliegende Dokumente belegten, dass das Haus in früheren Zeiten über Balkone verfügte. Deshalb stand auch die Anbringung einer Balkonanlage ganz hoch oben auf der Agenda. Ist es doch auch eine gute Möglichkeit, (vermietbaren) Wohnraum zu schaffen – denn Sie können die Fläche der Balkone zur Hälfte oder zu einem Viertel der Wohnfläche zuordnen.

Um aber überhaupt ins Sanieren und (Um-)Bauen zu kommen, gehören bestimmte Vorschriften und Abläufe – ähnlich „normalen" Baumaßnahmen – beherzigt. Hätte ich den Denkmalschutz links liegen gelassen, wäre ich nicht der Erste gewesen, der die Änderungen wahrscheinlich wieder hätte rückgängig machen müssen und der obendrein mit einem Bußgeld belegt worden wäre. Von daher möchte ich Ihnen die einzelnen Schritte im Groben gern aufzeigen. Wenn Sie die Reihenfolge und die Regeln beachten, wird auch Ihr Vorhaben gelingen.

### *6 Schritte zum passenden Denkmalschutzobjekt*

#### 1. Denkmalstatus

Prüfen Sie, ob das Bauwerk beim Landesdenkmalamt als Baudenkmal registriert ist. Davon hängt zum einen ab, wie genau Sie sich an Auflagen halten müssen, zum anderen ist eine solche Auflistung auch die Eintrittskarte zu Förderprogrammen, -töpfen und steuerlichen Vergünstigungen.

### 2. Denkmalschutzrechtliche Genehmigung

Bevor Sie einen Bauantrag stellen, muss beim zuständigen Amt für Denkmalpflege eine denkmalschutzrechtliche Genehmigung beantragt werden. In meinem Fall lag diese schon vor, war aber zu verlängern.

**Wichtig für die Praxis:** Es kann sein, dass diese allumfassend ausgestellt wird oder sich auf noch zu erledigende Arbeiten bezieht.

### 3. Baugenehmigung

Für die einzelnen Maßnahmen, die Sie anstreben, benötigen Sie – auch auf Grundlage obiger Genehmigung – natürlich eine Baugenehmigung. Diese bekommen Sie beim zuständigen Bauamt vor Ort.

### 4. Befundung

Spätestens jetzt gehört das Objekt von einem Restaurateur genauer unter die Lupe genommen und dabei dokumentiert und befundet. Dabei werden auch alle Bilder und Zeichnungen nach ihrem ursprünglichen Aufbringen (Erstfassung, Zweitfassung, etc.) katalogisiert und im Anschluss in Abstimmung mit der Denkmalschutzbehörde daraus Schablonen, beispielsweise für die Treppenhausgestaltung, gefertigt. So ist auf jeden Fall sichergestellt, dass die Auflagen des Denkmalschutzes auch in der Praxis mit berücksichtigt werden.

**5. Überwachung der Arbeiten**

Sollten Sie kein Bauleiter mit jahrelanger Erfahrung im Denkmalschutzbereich sein, so ist mein Rat an Sie: Suchen Sie sich jemanden!

In meinem Fall stand mir anfangs der Verkäufer, der das Haus bereits zu ca. 80 % saniert hatte, mit Rat und Tat zur Seite – aber auch das hatte hinsichtlich der Fertigkeiten und Kompetenzen seine Grenzen. Im Anschluss übernahm die Hausverwaltung aufgrund nachweislicher Kompetenz einen Großteil der Bauleitung, zudem holte ich noch einen externen, mir persönlich bekannten Bauleiter hinzu.

**6. Abnahme**

Mein Tipp aus der Praxis an Sie ist Folgender: Warten Sie nicht bis zur kompletten Fertigstellung der Sanierungsarbeiten. Obwohl in den Genehmigungen (fast) alles genauestens definiert ist, lässt sich oftmals vortrefflich darüber diskutieren, ob der Status-Quo den denkmalschutzrechtlichen Anforderungen genügt.

Nehmen Sie daher „Ihren“ Denkmalpfleger regelmäßig mit ins Boot. Das bewahrt Sie vor kostenintensiven Korrekturen und Ihr Ansprechpartner wird es Ihnen mit großzügigeren Auslegungen vielleicht danken.

### *Fördermöglichkeiten*

Neben dem bereits beschriebenen KfW-Darlehen 151/152 beim Bauträger-Modell gibt es noch weitere potenzielle Förderungsmöglichkeiten. Zwei davon möchte ich Ihnen dabei exemplarisch vorstellen:

### Beispiel 1: KfW 430/431

Mit dem Programm 430 bezuschusst die KfW-Bank auch bei Privateigentümern unter anderem Einzelmaßnahmen wie Wärmedämmung, Fenster- und Türerneuerungen, sowie Optimierung oder Erneuerung der Heizungsanlage mit bis zu 30.000 €.

Das Programm 430 kann noch durch das Programm 431 ergänzt werden, das die Planung und Baubegleitung durch einen Experten für Energieeffizienz mit 50 % der Kosten beziehungsweise maximal 4.000 € bezuschusst. Überhaupt läuft bei den KfW-Programmen nichts ohne einen Experten für Energieeffizienz. Dafür erstellt dieser aber auch ein Energiekonzept und übernimmt einen Teil der Baubegleitung.

### Beispiel 2: Kommunale Fördermöglichkeiten

Diese sind – wie der Name schon erahnen lässt – lokal und können bei der zuständigen Kommune erfragt werden. Ein Beispiel hierfür ist der „Verfügungsfonds Georg-Schwarz-Straße" der Stadt Leipzig, der – nicht durch andere Programme förderfähige – Leistungen und Aufwendungen in einem lokal sehr eingegrenzten Gebiet mit nicht rückzahlbaren Zuschüssen bis zu 10.000 €, in Ausnahmefällen auch 20.000 €, bezuschusst. Es lohnt sich also, das Gespräch mit der Gemeinde oder Stadt zu suchen. Lokale Förderprogramme sind nicht so selten, wie man vielleicht glauben mag.

### *Steuerliche Relevanz*

Kommen wir zu dem Punkt, der nach der Wende Ärzte, Apotheker und sonstige Goldgräber in den Osten gelockt hat. Dabei ging es um die steuerliche Abschreibungsmöglichkeit der Sanierungsleistungen beziehungsweise der „nachträglichen Herstellungskosten". In meinen Augen handelt es sich dabei um ein sehr gutes Instrument, mit dem Investoren 12 Jahre lang den „Cashflow-Turbo" einschalten zu können.

Wenn Sie eine Nicht-Altbau-Immobilie besitzen, können Sie in aller Regel den Gebäudeanteil jährlich mit 2 % auf 50 Jahre steuerlich abschreiben. Bei Altbauten sind es wie eingangs bereits erwähnt 2,5 % auf 40 Jahre.

Vorbezeichnete Angaben der Abschreibedauer sind dabei hauptsächlich eine kalkulatorische Größe. Sie können davon ausgehen, dass Gebäude bei normaler Bewirtschaftung und laufender Instandhaltung eine deutlich längere Lebensdauer haben. Auch deshalb beginnt bei jedem (Ver-)kauf eine neue Abschreibedauer.

### *Abschreibung nach §7 i EStG*

Der Turbo kommt erst mit der Sonder-AfA (AfA = Abschreibung für Abnutzung) nach §7 i EStG:

*(1) Bei einem im Inland belegenen Gebäude, das nach den jeweiligen landesrechtlichen Vorschriften ein Baudenkmal ist, kann der Steuerpflichtige abweichend von § 7 Absatz 4 und 5 im Jahr der Herstellung und in den folgenden sieben Jahren jeweils bis zu 9 % und in den folgenden vier Jahren jeweils bis zu 7 % der Herstellungskosten für Baumaßnahmen, die nach Art und Umfang zur Erhaltung des Gebäudes als Baudenkmal oder zu seiner sinnvollen Nutzung erforderlich sind, absetzen. [...]*

**Beispiel:** Sie sanieren Ihr Denkmalschutzobjekt nach Vorgaben des Denkmalschutzes und können dabei (nachträgliche) Herstellungskosten in Höhe von 100.000 € nach §7 i EStG geltend machen. Als Vermieter machen Sie diese vollumfänglich auf 12 Jahre steuerlich geltend, 8 Jahre lang 9 % und 4 Jahre lang 7 %.

Oder in Zahlen ausgedrückt: 8 Jahre lang vermindern Sie allein aufgrund dieser Sonder-AfA Ihr zu versteuerndes Einkommen um 9.000 € und weitere 4 Jahre lang um 7.000 €. Falls Sie sich im Spitzensteuersatz befinden sollten, bedeutet das innerhalb der ersten Zeitspanne einen jährlichen Steuer-Cashback in Höhe von 3.930,93 € (inklusive Soli) und innerhalb der zweiten Zeitspanne jährlich einen Cashback in Höhe von 3.081,66 €.

Oder auf 12 Jahre gesehen: Einen Steuer-Cashback in Höhe von 43.774,68 €.

**Tipp:** Mit Denkmalschutzobjekten können Sie sich Gelder, die in den jeweiligen Jahren sonst unweigerlich beim Fiskus verloren wären, wiederholen. Und Sie verhelfen dabei gleichzeitig einem alten Denkmal zu neuem Glanz. Dabei sind vor allem zwei Dinge zu beachten:

1. Falls Sie nur wenig Steuern zahlen und/oder diese schon optimiert haben, ist der steuerliche Aspekt nur eingeschränkt ein Pluspunkt.
2. Sehen Sie sich beim Bauträgermodell Ihren Partner gut an, so dass Sie den entsprechenden Gegenwert zum Kaufpreis inklusive Sanierungskosten bekommen.

### *Die größten Risiken eines Altbaus*

Wenn ein Haus zu einem fairen Kurs aufgerufen wird, kann ich das – je nach Örtlichkeit – gut einschätzen. Der Preis hat den Zusatz „fair" aber auch nur dann verdient, wenn keine unkalkulierten Probleme auftreten. Und mögliche Problemfelder gibt es in einem alten Haus zu Hauf. Bis zur Kaufentscheidung für mein Haus im Januar 2017 war ich aufgrund der guten Kontakte zu Bauträgern in Leipzig über Jahre in unzähligen Denkmälern unterwegs. Von kompletten Ruinen mit eingestürzten Treppen und Decken, über in der Sanierung befindliche Objekte bis hin zu fertigen Prachtbauten.

**Insbesondere vom baulichen Aspekt her, gilt es gleich bei der ersten Objektprüfung bestimmte Problemzonen abzuprüfen:**

- Keller
- Decken
- Dach

**Keller**

Die Keller bei Bauwerken um 1900 sind in aller Regel gemauert und im Laufe der Zeit (noch) durchlässiger für Feuchtigkeit geworden. Niemand, der auch nur einigermaßen im Thema ist, wird bei einem Altbau einen staubtrockenen Keller erwarten. Und doch konnte man auch hier, nicht nur nach der Wende (aber hauptsächlich dann), einiges falsch machen. Anstatt außen aufzugraben und von dort abzudichten – oder gar noch eine Drainage zu legen – wurde im Keller großflächig und massiv Putz auf das Mauerwerk aufgetragen.

Die Folge ist nicht selten: Keller und Mauerwerk ziehen von unten und außen Feuchtigkeit. Diese kann auch aufgrund des massiven Putzes nicht schon im Keller teilweise ausdünsten und hat daher nur eine Möglichkeit: nach oben aufsteigen. Hier hilft generell wiederum eine Horizontalsperre, die aber oftmals nicht fachmännisch und selten auch gar nicht installiert wurde. Falls Sie jemals einen Altbau besichtigen und Feuchtigkeit bis weit in den Sockelbereich sichtbar ist, dann ... ja, dann wurde einiges falsch gemacht.

Auch hält der dickste Putz der eindringenden Feuchtigkeit nicht ewig stand, und Nässe wird auf lange Sicht ein Problem werden. Vielleicht nur etwas Schimmel, vielleicht auch Salpeterausblühungen, vielleicht findet aber auch irgendwann Pilze wie Keller- oder Hausschwamm Zugang zum Gebäude. Und dann wird es richtig teuer und aufwendig.

**Decken**

In den allermeisten Fällen werden Sie auf Holzdeckenkonstruktionen stoßen. Als geringe Dämmung, vor allem aber als Putzträger wird bei Offenlegung oftmals Schilf sichtbar. Je sicherer Sie gehen möchten, desto mehr Balkenköpfe gehören geöffnet und auf Feuchtigkeits- und Insektenschäden untersucht. In schlimmen Fällen könnten Sie auch hier wieder auf den Hausschwamm stoßen.

Meiner Erfahrung nach wurde bei der Nachwende-Sanierung von Denkmälern zumindest auf Statik und Beschaffenheit der Decken großer Wert gelegt. Sollte es sich um eine Ruine handeln – wozu ich keinem Neuling auf diesem Gebiet raten möchte – können die Balkenköpfe von einem Experten relativ einfach geöffnet und untersucht werden.

**Dach**

Beim Dach gestaltet sich die Untersuchung ähnlich wie bei den Decken. Vielleicht sogar noch einfacher, weil man an die Holzkonstruktion leichter herankommt. Sollten Dach und Dachboden trocken sein, können Sie in der Regel davon ausgehen, dass keine Feuchtigkeit von oben nach unten gelangt. Mögliche Hauptprobleme sind hier auch wieder Feuchtigkeit, Insekten- und Pilzbefall.

**Tipp:** Suchen Sie sich als Einstieg in die Altbauthematik eine Wohnung in einem Haus oder generell ein Haus, das bereits in der Vergangenheit einer Sanierung unterzogen wurde. Prüfen Sie die potenziellen, vorgenannten Schwachstellen mit gesundem Menschenverstand und einem Sachverständigen ab. Massive Mängel im Altbaubereich lassen sich vor einem genau prüfenden Blick kaum verbergen. Sie werden im weiteren Fortgang eines solchen Investments automatisch über Unterlagen und Maßnahmen am Objekt weiter in die Materie vordringen.

Neben diesen Hauptschwachstellen sollten Sie natürlich auch immer den Rest des Hauses wie gehabt in Augenschein nehmen, also Heizung, Leitungen, Wohnung(en), Fassade, Außenanlagen und natürlich im Speziellen Ihre potenzielle neue Mietpartei.

## Zusammenfassung

### Chancen/Vorteile bei Altbauten und Denkmälern:

- Besonderer Charme
- Teils überdurchschnittliche Mieten
- Teils hervorragende Bausubstanz („meterdickes Mauerwerk“)
- Fördermöglichkeiten
- Steuer-Cashback

**Risiken/Nachteile bei Altbauten und Denkmälern:**

- Besondere Schwachstellen
- Bau- und Sanierungskosten überdurchschnittlich hoch
- Wenig individueller Gestaltungsspielraum
- Viele verpfuschte Nachwendesanierungen am Markt
- Nichts für Anfänger

Zu den besonderen Vor- und Nachteilen gesellen sich noch neutrale Faktoren, die Sie ebenfalls kennen sollten. So sind beispielsweise die Kaufpreise für Bestands-Altbauten und -Denkmäler auf ähnlichem Level wie der normale Bestand aus der gleichen Sanierungs- beziehungsweise Bauzeit. Neue Denkmalsanierungsprojekte gehobeneren Levels (KfW-förderfähig, Aufzug, Parkettböden, Fußbodenheizung, Balkonanbau, Wiederherstellung des kompletten Treppenhauses) kosten in etwa so viel wie Neubauten.

Ich persönlich möchte die Investition in solche Objekte mit ihrer jeweils eigenen Geschichte nicht missen und sehe daher auch gern über oben genannte Schwachstellen hinweg. Und lukrativ ist es – neben aller Bewunderung und Nostalgie – natürlich auch.

## Neubau – gänzlich uninteressant?

Neubauten finden investorenseitig kaum Beachtung. Ein Grund dafür ist, dass sie meist kein Renditekracher sind und es auch mittelfristig nicht werden. Trotzdem kann es in meinen Augen sinnvoll sein, je nach Risikobereitschaft beziehungsweise Nicht-Bereitschaft mit einem vom Bauwerk her relativ sicheren Investment zu starten oder aber einen Neubau zur Portfolio-Erweiterung zu nutzen.

Viele Investoren rümpfen beim Neubau die Nase. Wenn ich nachfrage warum, kommt in der Regel nur eine Antwort: *„Es rentiert sich nicht."*

Gut, hier kommt es natürlich auch zum großen Teil darauf an, ab welcher Rendite es sich für einen persönlich im wahrsten Sinne des Wortes rentiert. Aber 7-Prozenter sind natürlich nicht zu finden, das stimmt.

**Ein Neubau hat aber auch seine Vorteile, denn in aller Regel sind folgende Faktoren gegeben:**

- Aktueller Stand der Baukunst (Beispiel EnEV)
- Nachhaltigkeit (Baustoffe und Heiztechnik)
- Zukunftssicherheit (Barrierefreiheit)
- Zinsgünstige Förderung (KfW-Darlehen)
- Niedrige Energiekosten
- Hohe Nachfrage durch hohen Wohnwert
- Keine bestehenden Altlasten
- 5 Jahre Gewährleistung

Qualität und Sicherheit kosten, und nach wie vor ist es möglich, auch in manchen Wachstumsregionen mit allen oben genannten Vorteilen noch zu Quadratmeterpreisen von unter 3.000 € einzusteigen und Renditen von 3 bis 4 % nach Steuer zu erzielen. Natürlich sind wir hier beim Thema *„Slow and steady wins the race"*, und die Haushaltsrechnung

muss danach für weitere Investments immer noch passen. Aber je nach Risikotyp kann es großen Sinn machen, auch den Neubau zu forcieren. Denn sollte es das erste Investment aufgrund des Risikos komplett verhageln, kann auch die sichere Variante damit verbaut sein.
Es gibt aber noch eine weitere Möglichkeit: **Mit Neubauten Kapital zu generieren – selbst bauen**

Im Folgenden möchte ich auf diese Möglichkeit eingehen, mit Neubauten Geld zu verdienen:

Bauen Sie selbst und verkaufen Sie dann wieder. Das ist natürlich leichter gesagt als getan, und in meinem Fall hat es viele Jahre und die richtigen Kontakte gebraucht, damit ich mir dieser Option überhaupt bewusst geworden bin.

Die grundlegenden Faktoren, ob eine solche Möglichkeit überhaupt rentabel ist, sind einfach und schnell erläutert. Der Teufel steckt später noch im Detail. Was Sie – vereinfacht dargestellt – für die erste grobe Kostenkalkulation brauchen und kennen müssen, sind folgende Positionen:

- Baugrundstück und dessen Kosten
- die realisierbare Gesamtwohnfläche und deren Baukosten
- die benötigten und realisierbaren Parkmöglichkeiten und deren Baukosten
- die Kosten für Erschließung, Außenanlagen, Konzeption, Abriss bestehender Gebäude etc.
- ... und zu guter Letzt das Allerwichtigste: der erzielbare Verkaufspreis pro Quadratmeter Wohnfläche

Je nachdem, wie gut Sie sich mit der Materie und im Markt auskennen, sind viele Antworten sehr einfach zu bekommen. Faire Preise für Baugrundstücke lassen sich zeitnah durch eigene Recherche, einen Abgleich mit den Bodenrichtwerten und in Gesprächen mit regionalen Maklern herausfinden.

Auch der Rahmen für den Verkauf lässt sich einigermaßen einfach über den Abgleich mit Portalen und Auskünften von Maklern und Bauunternehmern in Erfahrung bringen.

### *Prüfung der Bebauungsmöglichkeiten vor dem Kauf eines Grundstücks*

Es ist für die Entscheidungsfindung, ob sich ein Grundstück zur gewinnbringenden Neubebauung geeignet, natürlich essenziell, den baurechtlichen Rahmen zu kennen. Eine Landesbauordnung schafft dabei den grundsätzlichen gesetzlichen Rahmen und die Vorgaben, die bei Bauvorhaben allgemein eingehalten werden müssen.

Der Bebauungsplan wiederum ist individueller und schafft einen Rahmen für die Bebauung eines bestimmten Viertels, ja sogar für jedes dort befindliche Grundstück. Schauen Sie sich also bei der Prüfung eines Grundstücks immer zuerst den Rahmen und die Möglichkeiten genauer an:

**1. Landesbauordnung (LBO)**

Die Landesbauordnungen der einzelnen Bundesländer stellen den generellen Spielraum für bauliche Angelegenheiten zur Verfügung und begrenzen diesen auch. Ihr oberstes Ziel ist der Ausschluss von Gefahren, „die beim Bauen und durch bauliche Anlagen entstehen können“, wozu allem voran Maßnahmen zum Brandschutz gehören. Ganz wichtig und von Bundesland zu Bundesland verschieden gestalten sich unter anderem die Abstandsflächenregelungen, die festlegen, mit welchem Mindestabstand zueinander Gebäude errichtet und wie nahe Gebäude an die Grundstücksgrenzen heran gebaut werden dürfen.

Die Gebäudehöhe wird dabei mit dem Faktor der jeweiligen Bauordnung multipliziert und ergibt den Mindestabstand von Gebäude zum Nachbargrundstück.

Dabei ist zu beachten, dass der Mindestabstand in jedem Fall aber – auch hier wieder je nach Bundesland verschieden – zwischen 2,50 und 3 Metern beträgt. Auch Dachhöhe und -neigung spielen eine Rolle.

**Tipp:** Sollten Sie die erforderlichen Abstandsflächen auf Ihrem Grundstück nicht realisieren können, lohnt es sich vielleicht, mit dem Nachbarn zu sprechen. Er kann auf seinem Grundstück einen Teil der Abstandsflächen zur Verfügung stellen. Allerdings muss ihm dabei bewusst sein, dass er dieses Zugeständnis nicht einfach eigenmächtig wieder zurücknehmen kann.

Im Übrigen gelten für Nebengebäude oftmals gesonderte Regelungen. So finden sich Garagen unter Einhaltung bestimmter Maße oftmals völlig legitim unmittelbar an der Grenze zum Nachbargrundstück.

## 2. Bebauungsplan

Zu den allgemeingültigen Vorgaben der Bauordnung gesellen sich die konkreten Anweisungen des Bebauungsplans. Hier wird festgelegt, wie in einer Gemeinde, in einem bestimmten Viertel und auf dem individuellen Grundstück selbst gebaut werden darf. Dabei besteht der Bebauungsplan in der Regel aus drei Teilen:

- grafischer Teil
- planbare Festsetzungen
- textliche Festsetzungen

Auch wenn sich Bebauungspläne von der grafischen Ausgestaltung und vom Aufbau her selbst bei Nachbargemeinden oftmals stark unterscheiden, so sehr ähneln sie sich beim Inhalt. Insbesondere von den Gestaltungsmöglichkeiten des Grundstücks her und hinsichtlich der zu errichtenden Häuser ist man nicht so frei, wie man es sich wahrscheinlich im ersten Moment vorstellen mag und häufig wünschen würde.

### Grafischer Teil

Dieser Bestandteil ähnelt sehr stark einer Flurkarte mit den einzelnen Grundstücken. Sein Unterschied liegt vornehmlich darin, dass zusätzliche Parameter angezeigt werden:

- Art des Baugebiets
- Anzahl der maximalen Wohneinheiten
- Gebäudeart
- Geschossanzahl
- Garagen inklusive Zufahrtsrichtung

**Planliche Festsetzungen**

Dieser Teil wird auch Legende genannt, da hierin die Zeichen und Symbole des grafischen Teils näher erläutert werden.

- Art des Baugebiets (Beispielsweise WA für Wohngebiet)
- Anzahl der zulässigen Wohneinheiten für ein Grundstück
- Anzahl und Art der zu errichtenden Geschosse
- Grundflächenzahl (GRZ)
- Geschoßflächenzahl (GFZ)

Insbesondere **GRZ** und **GFZ** sind wichtige Faktoren.

**Grundflächenzahl (GRZ):** Die Grundflächenzahl gibt an, wie viel der Grundstücksfläche überbaut werden darf. Die Zahl 0,4 würde bedeuten, dass grundsätzlich bis zu 40 % der Grundstücksgröße überbaut werden dürfen. Bei einem Grundstück von 1.000 $m^2$ wären das immerhin 400 $m^2$.

Hier müssen Sie wissen, dass Nebengebäude, Zufahrten sowie befestigte Flächen ebenfalls Beachtung finden und auf die GRZ angerechnet werden, wobei hier aber auch wieder gesonderte Überschreitungen möglich sein können.

**Geschossflächenzahl (GFZ):** Die Geschossflächenzahl gibt an, wie sich alle Geschossflächen kumuliert zur Grundstücksfläche verhalten dürfen.

Die Zahl 0,7 würde bedeuten, dass grundsätzlich bis zu 70 % der Größe des Grundstücks in Geschossflächen fließen dürfen. Bei einem Grundstück von 1.000 $m^2$ wären das 700 $m^2$.

Auf den ersten Blick erscheinen die baulichen Möglichkeiten immens. Aber ein Mehrfamilienhaus mit insgesamt 700 $m^2$ Wohnfläche, verteilt auf beispielsweise 250 $m^2$ Wohnfläche im EG, dieselbe Fläche im 1. OG und 200 $m^2$ Wohnfläche im Dachgeschoss, scheint bei angenommenen vier Wohneinheiten doch etwas absurd und auch weder für die Vermietung noch für den Verkauf attraktiv zu sein.

Abgesehen davon, dass bei einer hypothetischen Ausreizung der GFZ das Haus auch von der Grundfläche her dementsprechend groß sein müsste und das Grundstück gar nicht so gut geschnitten sein kann, dass die Abstandsflächen nicht zum Problem würden.

Weiterhin werden bei den planlichen Festsetzungen die grundsätzliche Bebauungsmöglichkeiten weiter aufgezeigt:

- Art der erlaubten Häuser (z. B. nur Einzelhäuser)
- Angabe des Baufensters

**Textliche Festsetzungen**

Falls Sie gedacht haben, die Bebauung wäre damit ausreichend konkretisiert, muss ich Sie enttäuschen. Bei den textlichen Festsetzungen geht es erst richtig ins Detail.

Neben allgemein gehaltenen Floskeln wie dem Punkt zur Gestaltung des Geländes können unter anderem folgende Parameter genauestens definiert sein:

- Gestaltung der Einfriedung
- Gestaltung der Garagen
- Gestaltung des Gebäudes mit Angaben zu Dachform, -neigung, -eindeckung, Wandhöhe etc.

- Zahl der Stellplätze
- Bepflanzung
- Lärmschutz

**Zwischenfazit:** Es mag befremdlich erscheinen, dass für den Neubau sehr konkrete Vorgaben gemacht werden. Ich muss allerdings ehrlich sagen, ich finde, das macht die ganze Sache einfacher. Denn so gibt es nur eine begrenzte Art an möglichen Szenarien und somit ist auch eine erste, grobe Rechnung (zumindest nach den ersten Malen) schnell gemacht. Und sofern Sie sich an den Bebauungsplan halten, dürfte in den allermeisten Fällen eine Entscheidung zu Ihren Gunsten schnell gefällt sein.

### *Wertschöpfung und Gewinnrealisierung*

Im Bereich des angeführten Bebauungsplans befindet sich auch unser Neubauvorhaben. Für uns ist an dieser Stelle besonders wichtig zu wissen, dass der Bebauungsplan schon fast drei Jahrzehnte Bestand hat und im Sinne der Nachverdichtung Abweichungen toleriert werden. Um mögliche Gewinne schon an dieser Stelle für Sie greifbarer zu machen, folgt ein einfaches Beispiel.

BEISPIEL **Nehmen wir für den Neubau eines Mehrfamilienhauses folgende Parameter zu dessen Erstellung an:**

- Grundstücksgröße: 1.000 $m^2$
- Grundstückskaufpreis: 400.000 €
- Realisierbare Wfl.: 450 $m^2$

- Baukosten pro $m^2$ Wfl.: 2.500 €
- Baukosten (gesamt): 1.150.000 €
- Kosten für Erschließung, Planung, Finanzierung etc.: 100.000 €
- Gesamtkosten: 1.625.000 €

**Als Nächstes sehen wir uns die Verkaufsseite an:**
- Veräußerbare Wfl.: 450 $m^2$
- Verkaufspreis pro $m^2$: 4.500 €
- Gesamterlös: 2.025.000 €

Somit läge der mögliche Gewinn vor Steuern und rein auf ein Projekt bezogen bei stattlichen 400.000 €. Natürlich haben Sie recht, wenn Sie argumentieren, hierbei handele es sich um eine Milchmädchenrechnung. Sie zeigt allerdings sehr gut auf, welche potenziellen Veräußerungsgewinne in diesem Sektor stecken. Je nach Unterfangen, Größenordnung und Standort kann sich ein Neubauprojekt mehr oder weniger lohnen.

In München lohnt es sich massiv, sofern man vor Jahren ein Grundstück gekauft hätte und nun baut. Aktuell ein Grundstück zu erwerben, lohnt sich meines Erachtens nicht mehr. Zumindest nicht, wenn man keiner der ganz Großen ist.

In Regionen mit massivem Wegzug und Leerstand macht es natürlich auch wenig Sinn, einen Neubau zu platzieren. Denn wichtig ist, dass nachhaltig Nachfrage herrscht – je nach persönlicher Performance und äußeren Einflüssen vergehen vom Kauf bis zur Fertigstellung in aller Regel neun bis 24 Monate, wobei gute Projekte auch teilweise schon kurz nach Baubeginn (teil-)verkauft sind. Ein Projekt ist generell so zu wählen, dass es auch finanziell – und damit meine ich nicht den Verkauf – im Rahmen des Möglichen und Sinnvollen bleibt. Im günstigsten Falle wird man sich in einem höheren sechsstelligen Bereich aufhalten. Und das ist auch schon eine ordentliche Hausnummer.

Die Baukosten variieren dabei nicht so stark wie die Grundstückspreise. Laut einem Bericht des „Tagesspiegels" vom 20.07.2016 wird für den Quadratmeter zu errichtender Wohnfläche in einem Muster-Mehrfamilienhaus inklusive aller Nebenflächen wie (Tief-) Garage, Treppenhaus, Aufzug, Heizung etc. für die zu kalkulierenden Kosten ein Mittelwert von 2.788 € angesetzt. Gehen Sie von 2.500 € pro Quadratmeter aus. Je nach Ausstattung, Partner und Einzelfall sind natürlich Abweichungen – in beide Richtungen – möglich.

Bei den Grundstückspreisen sind aber selbst innerhalb einer Stadt oder eines Landkreises Unterschiede von 100 % und mehr möglich. In München werden teils 5.000 € pro Quadratmeter Baugrund bezahlt, eine Autostunde entfernt sind es keine 500 € mehr. Die Kosten für Baugrund sind also der variabelste Faktor in der ganzen Rechnung und entscheiden maßgeblich, ob ein solches Unterfangen auch finanziell machbar sowie sinnvoll sein wird.

### *4 wichtige Tipps zu Neubauprojekten*

**1. Bauunternehmen**

Sie stehen dem Käufer gegenüber in der Haftung und das mindestens fünf Jahre lang. Suchen Sie sich daher Ihre(n) Baupartner ganz genau aus. Das geht nicht von heute auf morgen! Greifen Sie niemals blind nach dem Billigsten. Sehen Sie sich Historie, Referenzbauten und echte Bewertungen der Unternehmen genau an.

Geben Sie lokalen Anbietern im Zweifelsfall den Vorzug. Auf einer Baustelle passiert immer etwas und Schadensregulierung in der Region funktioniert traditionell besser als länderübergreifend.

**2. Bauausführung**

Bauen Sie so, dass Sie die Nachfrage bedienen und der Konkurrenz im besten Fall sogar um Nasenlänge voraus sind.

**Folgende Faktoren haben sich an nachgefragten Standorten bewährt:**

- kleinere Wohnungsgrößen (2 und 3 Zimmer)
- Barrierefreiheit (teilweise)
- Einsatz nachhaltiger Materialien
- Förderfähigkeit über KfW-Programm

Würden Sie ausschließlich große Fünf-Zimmer-Wohnungen in einem Haus mit Ölheizung bauen, haben Sie vermutlich deutlich schlechtere Karten.

**3. Kalkulieren Sie vorsichtig!**

Wenn in Ihrem Markt im Neubausegment aktuell 5.000 € pro Quadratmeter aufgerufen werden, rechnen Sie beim Verkauf mit maximal 4.500 €. Umgekehrt kalkulieren Sie unbedingt mit mehr Kosten, als es eigene Berechnungen und eingeholte Angebote suggerieren. Sollte Ihre Rechnung schon in diesem Stadium gerade so rentabel sein – lassen Sie die Finger von diesem Projekt und widmen Sie Ihre Energie anderen Aufgaben. Und beachten Sie stets: Bauarbeiten können sich aus den verschiedensten Gründen jederzeit verzögern. Lassen Sie dies nie außer Acht!

**4. Suchen Sie sich das richtige Vehikel**

Ich kenne Investoren, die bauen alle paar Jahre ohne den Mantel einer Kapitalgesellschaft ein kleines Mehrfamilienhaus und verkaufen die einzelnen Wohneinheiten. Warum auch nicht, wenn es funktioniert. Insbesondere bei größeren oder längerfristigen Engagements in diese Richtung ist es in meinen Augen allerdings ratsam, eine Kapitalgesellschaft wie beispielsweise eine GmbH zu gründen.

Vor allem weil die maximale steuerliche Belastung bei etwa 30 % gedeckelt ist. Die eingeschränkte Haftung wird Ihnen hingegen am Anfang wenig nützen, da die Banken aufgrund fehlender Erfahrungswerte mit Ihrer Firma private Sicherheiten von Ihnen verlangen werden.

**Fazit:** Jetzt haben Sie einen Einblick in einen nicht alltäglichen Bereich des Investoren-Daseins und gleichzeitig einen Einstieg in dieses äußerst umfangreiche Thema erhalten.

Weitere Aspekte wie beispielsweise Fördermöglichkeiten gehören zwingend in eine Gesamtbetrachtung.

In jedem Fall bietet der Neubausektor eine sehr gute Möglichkeit, um in einer nachhaltigen Branche viel Kapital zu generieren. Genaue Kalkulation, Planung und gute Partner sind dabei immens wichtig.

Denkmalschutz-Objekte oder auch Neubauten sind nur zwei mögliche Immobilien-Investments für Sie. Die Bandbreite ist viel größer, und die decke ich regelmäßig in meinem Investoren-Brief ab, den Sie einmal monatlich erhalten.

**Noch ein Tipp zur Abrundung des Kapitels:** Sollten Ihnen Neubauten trotzdem zu teuer sein, Sie aber auf eine gewisse Sicherheit in Bezug auf das Bauwerk nicht verzichten wollen (Gewährleistung, moderne Ausstattungen, überdurchschnittliche Wohnqualität), dann sollten Sie Ihren Blick auf „normale“ Kernsanierungsobjekte, also ohne den Faktor Denkmalschutz, lenken:

Einfach erklärt bleibt in der Regel alles, was top in Schuss und für die Ewigkeit gemacht ist (Bodenplatte, Außenmauerwerk, Zwischendecken, Treppenhaus), bestehen und der „Rest“ wird neu gemacht (Elektrik, Heizung, Grundriss, Ausstattung, oft das ganze Dach inklusive Dachstuhl).

Sowohl der Kaufpreis, als auch Miete und Rendite bewegen sich dabei zwischen den Zahlen für Bestand und Neubau. Sie sehen, es gibt einiges an Alternativen abzuwägen.

# Kapitel 3
# Die richtigen Standorte liefern die besten Ergebnisse

**Dass Immobilien mit positivem Cashflow Spaß machen und alleine von den Zahlen her für die Haushaltsrechnung Sinn ergeben, darüber sind wir uns bestimmt alle einig. Für viele Investoren ist die schwarze Null oder gar ein positiver Cashflow auch die Mindestanforderung an ein Investment. Alles andere wird kategorisch ausgeschlossen. Und natürlich ergibt es auch keinen großen Sinn, sich 20 Wohnungen mit jeweils einer monatlichen Unterdeckung von 100 € ans Bein zu binden.**

Trotzdem muss ich – und manch anderer Investor bestimmt auch – über solche Aussagen leicht schmunzeln. Meine lukrativsten Investitionen waren mit Sicherheit vor einigen Jahren meine Wohnungen in München. Und deshalb möchte ich in diesem Kapitel eine Lanze auch für Top-Standorte brechen beziehungsweise näher auf die Chancen und Risiken verschiedener Standortklassen eingehen.
Dazu ein paar Zeilen zu München als persönliches Beispiel: In München war es 2010 beziehungsweise 2012 schon kaum mehr möglich, Wohnungen mit positivem Cashflow zu kaufen. Alle Prognosen gingen aber nach oben, sodass ich 2013 die eigengenutzte Wohnung mit massivem Gewinn steuerfrei verkaufen konnte. Und auch die Wohnungen aus 2012 haben eine satte Wertsteigerung erlebt.

Und – das ist das Tolle an A-Standorten wie München, Hamburg, Frankfurt oder Stuttgart – mit den Jahren wurde die Rendite durch Mietanpassungen gesteigert, sodass mittlerweile auch bei den Wohnungen in München die schwarze Null steht beziehungsweise ein positiver Cashflow vorhanden ist.

Daher sage ich: **„Eine Immobilie ist in meinen Augen eine langfristige Kapitalanlage, und an den richtigen Standorten wird sie sich bezogen auf Miete und Verkaufspreis auf lange Sicht positiv entwickeln.“**

Die Leute, die ich kenne und die richtig vermögend mit Immobilien geworden sind, haben dies nicht mit einem positiven Cashflow von ein paar Hundert oder Tausend Euro im Monat vor Steuer geschafft. Sie haben es geschafft, weil sie ab und an gewinnbringend und oft auch steuerfrei verkauft haben. Und damit in großem Maße entschuldet oder reinvestiert haben.

### A-Städte nicht das Maß aller Dinge

Damit will ich Ihnen nicht sagen, dass Sie nur in den A-Städten investieren sollen. Aber ein ausgewogenes Portfolio beinhaltet auch Standorte, die vielleicht nach manchem Maßstab (noch) nicht rentabel sind, aber eine hervorragende Tendenz besitzen. Und die Aussicht auf nachhaltigen Werterhalt oder gar Wertsteigerung sind ebenfalls viel wert.

Ich persönlich werde bei den Münchner Wohnungen nach aktuellem Stand warten, bis die zehn Jahre um sind und dann steuerfrei verkaufen. Sollte davor eine Preiskorrektur einsetzen (ich verwende den Begriff einer platzenden Blase nur ungern), dann warte ich eben länger, bis eine Erholung wieder abgeschlossen ist.

Aber auch bei einer Preiskorrektur gehe ich davon aus, dass aufgrund des besonderen Marktes in München diese dort schwächer ausfallen wird als in Standorten oder Gegenden, die trotz des wirtschaftlichen Aufschwungs in den letzten zehn Jahren keinen Sprung nach vorn machen konnten. Diese Standorte werden auch in einer Krise nicht plötzlich attraktiver. Rendite kennt bekanntlichkeine zweite Mission.

## Ihre Investmententscheidung

Denken Sie, insbesondere wenn Sie Immobilien auch als langfristige Anlage sehen und/oder sicherheitsorientiert sind, durchaus auch über Immobilien mit schwächerer Anfangsrendite nach. Es muss dabei keinesfalls auch das mittlerweile (zu) teure München sein. Es führen viele Wege zum Ziel.

Es gibt keine allgemeingültige Klassifizierung von Immobilienstandorten. Niemand wird bestreiten, dass München, Hamburg oder Frankfurt A-Standorte sind. Aber wie sieht es mit Wachstumsregionen wie Nürnberg oder Leipzig aus? Oder gar mit Standorten, die schneller Einwohner verlieren, wie Gera oder Hoyerswerda?

Die einzelnen Standorte lassen sich wie folgt kategorisieren:

### *A: Teurer, gesetzter Standort mit internationaler Bedeutung (München, Hamburg)*

Hier können Sie sich in aller Regel in ein gemachtes, aber auch teures, Nest setzen. Die Vor- und Nachteile liegen auf der Hand:
+ Werterhaltungs- und Wertsteigerungspotenzial
+ Mietsteigerungspotenzial
+ konstante/steigende Mieternachfrage
+ Instandhaltungsrücklage
+ steuerlich positive Relevanz
- Kaufpreis
- anfängliche Rendite

### *B: National relevante Standorte mit weiterhin positiver Wachstumstendenz*

Hier können Sie im Gegensatz zu einem A-Standort oftmals noch zu einem moderateren Preis einsteigen und nach gängigen Prognosen weiterhin an einem Aufschwung teilhaben (beispielsweise Leipzig, Nürnberg, nördliche Oberpfalz mit Städten wie Weiden, Amberg, Schwandorf).

### *C: Sonstige national relevante Standorte, Standorte mit fraglicher Tendenz*

Zu solchen Standorten finden Sie in aller Regel positive wie negative Prognosen, je nachdem welcher Fokus gelegt wurde. Bei C-Lagen ist es bereits sehr wichtig, die genaue Lage Ihrer Immobilie am Standort richtig einzuschätzen. Ein gutes Beispiel für einen C-Standort, mit durchaus positiven Aussichten, ist die Stadt Chemnitz.

### *D: Verliererstandorte mit negativen Zukunftsprognosen*

Kurz formuliert: Das genaue Gegenteil eines A-Standortes. Sinkende Einwohner- und Arbeitnehmerzahlen, teilweise massiver Leerstand (beispielsweise Gera, Hoyerswerda, Landstriche in Mecklenburg-Vorpommern, Teile des Ruhrgebiets). Hier kann der Plan nur die schnelle Abzahlung einer Cash-Cow sein. Wertsteigerungen können Sie nicht erwarten. Nicht einmal einen Werterhalt:

- Werterhaltungs- und Wertsteigerungspotenzial
- Mietsteigerungspotenzial

- konstante/steigende Mieternachfrage
- Instandhaltungsrücklage
- steuerliche negative Relevanz
+ Kaufpreis
+ anfängliche Rendite

Ich habe bewusst nur die Vor- und Nachteile von A- und D-Standorten mit kurzen Pros und Contras plakativ skizziert. Denn wenn die einzelnen Eigenschaften dort mit ziemlicher Sicherheit für die meisten möglichen Investments gelten mögen, so verschieben sich die Vor- und Nachteile in den C- und D- Standorten in die jeweils andere Richtung.

Dort sollten Sie sich daher bei der Prüfung noch stärker auf das eigentliche Objekt und dessen Mikro- und Makrolage fokussieren:

## Mikro- und Makrolage: Wichtige Kriterien beim Immobilienkauf

Zur Bewertung von Immobilien wird unterschieden zwischen **Mikro-** und **Makrolage.** Im Grunde geht es dabei einmal um das Große – griechisch Makro. Und zum anderen geht es um das Kleine – griechisch Mikro. So ist es gut möglich, dass eine Stadt an sich ein guter Standort der Kategorie A oder B ist. Doch Sie kennen das auch: Natürlich gibt es dann in solchen Städten massive Unterschiede – und genau das wird dann unter der Mikrolage zusammengefasst.

Dabei ist es gut möglich, dass es selbst in einer Straße gute und schlechte Lagen gibt.

### *Makrolage: Das ist wichtig*

In der Regel werden ganze Städte als Makrolage angesehen. Doch das kann auch größere Einheiten wie festgefasste Regionen (z. B. das Ruhrgebiet) umfassen. Für eine wirklich passende Analyse sollte aber die Orientierung an den Stadtgrenzen erfolgen. Dahinter steht die Überlegung, dass eben für Städte die Daten einfach abzurufen sind, um die Qualität des Standortes tatsächlich zu bewerten.

**Wichtige Faktoren für die Beurteilung der Makrolage:**

- Bevölkerungsstruktur
- Kaufkraft
- Wirtschaftskraft
- Verkehrsinfrastruktur
- Ausstattung an öffentlichen Einrichtungen
- Kosten

### *Mikrolage: Das ist wichtig*

Bei der Mikrolage wird die direkte Umgebung des Objekts genauer unter die Lupe genommen. In der Praxis ist das die Straße oder auch das Viertel.

**Dabei sind die folgenden Punkte wichtig:**
- lokale Verkehrsinfrastruktur
- Zustand der Häuser im Umfeld
- sozialer Status
- Nahversorgung (z. B. Ärzte und Einzelhandel)
- Anbindung an Stadtzentrum
- Freizeitwert

Je schwächer der Standort, desto wichtiger die Mikrolage Ihrer Immobilie! In München ist es egal, wo Ihre Wohnung liegt. Sie werden sich auch bei einem Loch in der schlimmsten Ecke (die es dort aber kaum gibt) kaum vor Anfragen retten können.

**Mein Fazit:** Insbesondere wenn es um Vermögensaufbau geht, sind Objekte mit positivem Cashflow gut und wichtig, auch wenn in meinen Augen ein ausgeglichenes Portfolio an erster Stelle stehen sollte. Sobald Sie aber ein bestehendes Vermögen sukzessive erhöhen und keinesfalls aufs Spiel setzen möchten, sollten Sie – ähnlich wie bei Aktien mit den Blue Chips – ruhig auch einen Fokus auf Sicherheit und Werterhalt legen. Große Fonds, Pensionskassen oder Family Offices machen es vor.

# Kapitel 4
# Was Rendite und Steuer miteinander zu tun haben

**Nicht nur die Tatsache, dass Rendite auch ein Gradmesser für Sicherheit ist, wird oft verschwiegen. Auch der Zusammenhang von Rendite und Steuer wird oftmals unter den Teppich gekehrt. Denn die Renditen selbst können auf den zweiten Blick ganz anders ausfallen als noch auf den ersten. Deshalb ist es mir ganz wichtig, Sie, lieber Leser, für die Steuer zu sensibilisieren.**

*„The rich control the tax“* – diesen Satz konnten ich und andere Teilnehmer beim National Achievers Congress (kurz NAC) im November 2016 in München öfters von Robert Kiyosaki, dem Autor von *„Rich Dad, Poor Dad“* hören, und er ist meinem Empfinden nach goldrichtig.

**Wenn ich mich aber mit anderen Kapitalanlegern und/ oder Investoren unterhalte, höre ich regelmäßig Sätze wie**

- *„Es muss sich VOR der Steuer rechnen“*
- *„Steuer kann man eh nicht berücksichtigen, die ist ja bei jedem verschieden“*
- *„Wenn es sich nur mit der Steuer rechnet, ist es eh nichts“*
- *„Die Steuer ist mir egal, sie ist im Zweifelsfall ein Bonus“*

Hierzu ein paar Gedanken von mir, also jemandem, der teils saftige Steuernachzahlungen zu leisten hat(te):

Es ist egal, ob Sie mit der Steuer rechnen. Ob sich das Investment ohne oder mit Steuer rechnet. Oder ob sie als „Bonus“ betrachtet wird. DIE STEUER KOMMT IMMER! Bislang habe ich den entsprechenden Vordruck beim Finanzamt noch nicht finden können, der mich die steuerliche Relevanz von Einkünften aus Vermietung und Verpachtung abwählen lässt ...

Für folgende Thematik möchte ich dabei sensibilisieren: Ausgehend von einer 100%-Finanzierung lassen sich die meisten Immobilien-Investments im Rahmen einer Brutto-Rendite von ca. 2,5 bis 4,5 % i. d. R. steuerlich neutral gestalten beziehungsweise bieten sogar einen kleinen

Steuer-Cashback durch eine geringfügige Reduktion des zu versteuernden Einkommens.

Gleichzeitig aber führen Investments mit einer Brutto-Rendite von mehr als 5 % regelmäßig zu einer Erhöhung des zu versteuernden Einkommens und dadurch auch einer Erhöhung der zu zahlenden Einkommenssteuer.

Diese Steuernachzahlung wird je nach Rendite (und Investitionsvolumen natürlich) deutlich höher. Die von den meisten Investoren gesuchten „Cash-Cows“ mit Traumrenditen von 10 % oder mehr führen in der Regel zu einer massiven Erhöhung des zu versteuernden Einkommens.

Und nach dem bösen Erwachen des (Jung-) Investors nach der ersten Steuernachzahlung wird es nicht besser durch die vom Finanzamt gleichzeitig angekündigten Steuervorauszahlungen. Die Steuer schlägt also sogar gleich zweimal zu.

In unserem Fall traf es uns – und das muss ich in aller Deutlichkeit so zugeben – völlig unvorbereitet nach der Steuererklärung (und dem darauffolgenden Bescheid) für das Jahr des Erwerbs unserer ersten beiden Mehrfamilienhäuser mit Nach- und Vorauszahlungen im fünfstelligen Bereich.

Das heißt natürlich NICHT, dass „Cash-Cows“, „Zinshäuser“ etc. negativ zu bewerten sind. Nur, dass man die Steuer IMMER auf dem Schirm haben sollte. Und dass die Nettorendite nach Steuer größer oder kleiner als vor der steuerlichen Betrachtung ausfallen kann.

Ich möchte Ihnen zur Verdeutlichung zwei Beispiele aus meinem Bestand zur Veranschaulichung mit auf den Weg geben. Eine renditeschwächere Eigentumswohnung und ein Paket aus zwei renditestarken Mehrfamilienhäusern.

## Renditebeispiel 1 – Eigentumswohnung

Sehen wir uns als erstes die Wohnung, ein Apartment in München, näher an. Diese konnte ich 2012 erwerben.

**Eckdaten:**

| | |
|---|---|
| Kaufpreis: | 79.000 € |
| Kaufnebenkosten (Grunderwerbsteuer (3,5%) und Notar- und Grundbuchkosten (ca. 2%), kein Makler: | 4.345 € |
| Gesamtkaufpreis: | 83.345 € |
| Jahresnettomiete: | 4.620 € |

Für die erste Verdeutlichung lege ich Ihnen hier nun eine Berechnung der **Bruttorendite** vor. Dabei ist die Bruttorendite der Ertrag, den man aus einer Geldanlage, wie z. B. einer Anlage in Wertpapieren oder Immobilien, erzielen kann – ohne dass Abzüge und/oder Steuern berücksichtigt werden.

Wir setzen dabei die Jahresnettomiete in Bezug zum Nettokaufpreis von 79.000 €. Somit haben wir hier eine Bruttorendite in Höhe von 5,84%.

### *Immobilienrenditeberechnung – Eigenkapitalrendite Apartment München*

Nun ist es sehr spannend zu sehen, wie sich denn die Rendite auf das Eigenkapital bei diesem Objekt tatsächlich darstellt. Dazu ist wichtig zu wissen, dass der Nettokaufpreis der Immobilie komplett fremdfinanziert wurde. Nur die Nebenkosten von 4.435 € wurden aus dem Eigenkapital bestritten.

Um hier die Eigenkapitalrendite zu berechnen, ist es notwendig, den Jahresertrag genau zu bestimmen. Die Jahresnettomiete setzt sich zunächst aus den schon genannten Mietzahlungen von 4.620 € zusammen abzüglich nicht umlegbarer Nebenkosten in Höhe von 732 €. In Summe liegt also die Jahresnettomiete bei 3.888 €.

Der Jahresertrag ergibt sich dann aus der Jahresnettomiete abzüglich der Zinskosten. Im konkreten Fall sind das also Zinskosten von 3,45 % auf den Kaufpreis von 79.000 €. Der Zinsaufwand beträgt somit 2.725 €. Und jetzt wird es wirklich spannend bezogen auf das eingesetzte Eigenkapital:

Direkt nach dem Kauf lag hier die Eigenkapitalrendite bei enormen 26,75 %. Wie kann das sein? Der Anteil des Eigenkapitals an der Gesamtsumme war extrem gering, und dieser Deal hat sich nach Abzug aller Kosten sofort gerechnet.

Das ist auch an der Nettorendite ablesbar, denn die erreichte auch gleich zu Beginn einen Wert von ordentlichen 4,66 %. Die hier zugrunde liegende Berechnung ist auch nicht kompliziert. Dabei wird der bekannte Jahresertrag ins Verhältnis zum Gesamtkaufpreis gesetzt. Und bei dem Verhältnis von 3.888 € zu 83.345 € ergibt sich hier die Nettorendite von 4,66%.

Ganz wichtig für die Praxis: Hier müssen Sie die Gesamtkosten inklusive der Nebenkosten mit aufnehmen – nur dann erhalten Sie den richtigen Wert. Fokussieren Sie sich hier nur auf den reinen Kaufpreis, rechnen Sie sich Ihr Objekt schön. Das sieht dann gut aus – entspricht aber überhaupt nicht der Wahrheit.

### *Achtung Steuer!*

Nun folgt abschließend der Blick auf die Rendite nach Steuern für dieses Apartment und fördert damit Ihre persönliche Nettorendite nach Steuern zu Tage.

**Das geht so:** Sie rechnen alle steuerlich relevanten Faktoren gegeneinander auf, und am Ende dieser Rechnung steht ein Minus von 72,50 €.

**Faktoren in dieser Rechnung, die das zu versteuernde Einkommen erhöhen:**

- Kaltmiete 4.620,00 €

**Faktoren in dieser Rechnung, die das zu versteuernde Einkommen verringern:**

- Hausverwaltung 300,00 €
- Gebäudeabschreibung 1.667,00 €
- Zinszahlungen 2.725,50 €

**Ergebnis** -72,50 €

Das heißt, die Immobilie verringert Ihr zu versteuerndes Einkommen um 72,50 €. Wenn Sie also beispielsweise auf einen persönlichen Steuersatz von 25 % kommen, erhalten Sie rund 18 € zurück.

Durch diese Gutschrift klettert die Nettorendite von 4,66 % auf dann 4,69 % – ein wirklich attraktiver Wert für ein Objekt in München. Im Übrigen war das der Anfangswert, mit den Mietsteigerungen über die Jahre ist die Rendite noch deutlich besser geworden. Vom Wertzuwachs im sechsstelligen Bereich ganz zu schweigen.

### *Immobilienrenditeberechnung – Nettorendite nach Steuern Apartment München*

**Nettorendite nach Steuern**

(Kaltmiete-Hausverwaltung-Abschreibung-Zinsen)
× Steuersatz = Steuerlast
(4.620 € - 300 € - 1.667 € - 2725,50 €) × 25 % = -18,13 €

Jahresnettomiete-Steuern/Gesamtkaufkosten × 100
= Nettorendite nach Steuern
(3.888 €- (-18,13))/83.345 € × 100 = 4,69 %

**Abschreibung**

70 % Gebäudeanteil
30 % Grundstücksanteil
Lineare Abschreibung 2 % p.a.

## Renditebeispiel 2 – Mehrfamilienhaus

Dass die Steuer die Rendite nicht nur nach oben korrigieren kann (was sie auch nur in seltenen Fällen macht), sieht man in dem folgenden Beispiel. Dabei geht es um zwei Mehrfamilienhäuser in Rudolstadt (Thüringen), die ich in einem kleinen Paket 2013 gekauft habe.

**Eckdaten:**

| | |
|---|---|
| Kaufpreis für 2 Mehrfamilienhäuser: | 415.000 € |
| Kaufnebenkosten (Grunderwerbsteuer (5%) und Notar- und Grundbuchkosten (ca. 2%), kein Makler: | 29.050 € |
| Gesamtkaufpreis: | 444.050 € |
| Jahresnettomiete: | 54.000 € |
| Bruttorendite: | 13 % |

Sehr viel spannender ist aber natürlich wieder der Blick auf die Nettorendite und vor allem auch auf die Entwicklung der Rendite bei verschiedenen Steuerszenarien.

Aufs Jahr gerechnet weisen diese Objekte nicht umlegbare Kosten von in Summe 4.008 € auf. Unterm Strich bleibt so also eine Jahresnettomiete von 49.992 €. Setzt man diese Einnahmen nun ins Verhältnis zum Gesamtkaufpreis erhält man die Nettorendite – die in diesem Fall 11,26 % beträgt.

### *Immobilienrenditeberechnung – Eigenkapitalrendite 2 MFH Rudolstadt*

Wie lukrativ das Objekt gemessen am Eigenkapitaleinsatz ist, zeigt jetzt der Blick auf die Eigenkapitalrendite, die bei erstaunlichen 67,96 % liegt. Die Erklärung der Rechnung finden Sie bereits bei der Münchner Wohnung, daher habe ich die Rechenschritte für diese Objekte nur in einer Rechnung nochmals skizziert:

**Eigenkapitalrendite**

Jahresertrag/Eigenkapital × 100 = Eigenkapitalrendite

| | |
|---|---|
| Gesamtkosten Immobilie | 444.050 € |
| Eigenkapital 13,02 % | 54.050 € |
| Fremdkapital 93,98 % | 390.000 € |

| | |
|---|---|
| 54.000 € Jahreskaltmiete - 4.008 € nicht umlegbare Nebenkosten= Jahresnettomiete | 49.992 € |
| 3,40 % Zinsen auf das Fremdkapital (390.000 €) = Zinsaufwand | 13.260 € |

Jahresertrag (Jahresnettomiete - Zinsaufwand)/Eigenkapital × 100 = Eigenkapitalrendite

| | |
|---|---|
| 36.732 €/54.050 € × 100 | = 67,96% |

Aber auch hier – und jetzt wird es wichtig – **kommt wieder die Steuer:**

Die folgenden zwei Tabellen zeigen Ihnen, wie sich die Nettorendite bei zwei verschiedenen Steuerszenarien entwickelt: Im ersten Fall wird ein Steuersatz von 25 % und im zweiten Fall ein Steuersatz von 35 % angenommen.

**Nettorendite nach Steuern (25%)**
(Kaltmiete-Hausverwaltung-Abschreibung-Zinsen)
× Steuersatz = Steuerlast
(54.000 € - 4.008 € - 8.881 € - 13.260 €) × 25 % = 6.962,75 €

Jahresnettomiete-Steuern/Gesamtkaufkosten × 100
= Nettorendite nach Steuern
(49.992 € - 6.962,75 €)/444.050 € × 100 = 9,69 %

**Nettorendite nach Steuern (35%)**
Steuerlast (Rechnung wie oben)
(54.000 € - 4.008 € - 8.881 € - 13.260 €) × 35 % = 9.747,85 €

Nettorendite nach Steuern (Rechnung wie oben)
(49.992 € - 9.747,85 €)/444.050 € × 100 = 9,06 %

Wie Sie sehen können, sind die ehemals 13% (Bruttorendite) beziehungsweise 11,26% Nettorendite um mehrere Prozentpunkte auf 9,69% beziehungsweise 9,06% eingebrochen.

Sollte Ihr persönlicher Steuersatz noch höher sein, verringert sich die Nettorendite nach Steuer noch weiter. Weiterhin müssen Sie hier beachten, dass keinerlei Hausgeld mit einer Zuführung zur Instandhaltungsrücklage verbucht ist.

Ein Mehrfamilienhaus braucht – je nach Größe, Alter und Zustand – in jedem Fall um die 30.000 bis 50.000 € an

Rücklagen. Wenn Sie so viel Eigenkapital besitzen und mit Geld gut haushalten können, kann das auch gern anderweitig, kurzfristig verfügbar, investiert sein. Es muss aber vorhanden sein, zumindest aber schnellstens angespart werden.

Machen Sie also nicht den Fehler und investieren Sie blind und ohne Reserven in das nächste Mehrfamilienhaus! Hier müssen Sie genau prüfen und Risiken abfedern können. Ich kenne nicht nur einen Investor, der auf großem Fuße beginnen wollte und zeitnah von fünfstelligen, unvorhergesehenen Reparatur- und Bauleistungen in die Realität zurückgeholt wurde.

Wenn ein solches Mehrfamilienhaus aber erst richtig eingelaufen ist, die Steuer berücksichtigt wird und Rücklagen vorhanden sind, macht es richtig Spaß, dem Kontostand beim Wachsen zuzusehen.

Ganz wichtig für Sie: In diesem Beispiel haben Sie zwar einen detaillierten Einblick in ausgewählte Objekte und die möglichen Renditen erhalten. Doch der gesamte Sektor der Immobilien-Investments bietet Ihnen noch so viele Chancen. So kann es durchaus sinnvoll sein, ein Objekt zu kaufen – obwohl es zu Beginn einen negativen Cashflow hat.

Sie wollen wissen, warum hier trotzdem der Gewinn auf Sie wartet? Dann gehen Sie auf
www.immo-elite.de/invest
und erfahren die Details.

## Steuern optimieren

Auch bei Bestandsimmobilien gibt es oft noch Optimierungs-Möglichkeiten

### *Abschreibung erhöhen: Das bringt zählbare Vorteile*

Als Immobilien-Investor lohnt es sich fast immer, die aktuellen Abschreibungsmöglichkeiten im Bestand zu optimieren. Tatsächlich existieren Möglichkeiten, wie Sie die Abschreibungen bei Gebrauchtimmobilien erhöhen können. Diese Regelung ergibt sich klar aus dem Gesetz – doch selbst viele Steuerberater kennen diese Möglichkeit nicht. Dabei ist der Aufwand gar nicht so groß, und in vielen Fällen reicht ein Gebäudegutachten aus.
Maßgeblich ist der § 7b des Einkommenssteuergesetzes (EStG Absetzung der Abnutzung) und hier vor allem der Absatz 4. Dort steht:

*„Gebäude, die vor dem 1. Januar 1925 fertiggestellt wurden, dürfen mit 2,5 % pro Jahr abgeschrieben werden.“*

**Wichtig für die Praxis:** Dies bezieht sich nur auf den Gebäudewert.

*„Gebäude, die nach dem 31. Dezember 1924 fertiggestellt wurden, dürfen mit 2 % pro Jahr abgeschrieben werden.“*

Bis hierhin ist das eine altbekannte Tatsache, die als Basis zur Abschreibung von Gebrauchtimmobilien schon seit langer Zeit herangezogen wird. Doch dann folgt im Gesetz ein Satz, den viele Immobilienbesitzer und auch Steuerberater nicht beachten:

*„Ist die Restnutzungsdauer tatsächlich weniger als 50 Jahre, so kann die Abschreibung gemäß tatsächlicher Nutzungsdauer gewählt werden.“*

Wenn Sie nun bei der Steuererklärung dem Finanzamt beweisen können, dass die Restnutzungsdauer kürzer als 50 Jahre ist, können Sie die Abschreibung tatsächlich individuell anpassen.

Wenn Sie also das Gutachten eines vereidigten Sachverständigen bekommen, der eine geringere Restnutzungsdauer feststellt, haben Sie einen persönlichen Freiraum und können den Abschreibungssatz erhöhen.

**Beispiel:** Laut Gutachten liegt die Restnutzungsdauer für ein Gebäude bei 33 Jahren. In der Praxis würde der Abschreibungssatz dann auf 3 % pro Jahr steigen. Im Endeffekt liegt hier der Abschreibungssatz schon 50 % höher als bei der klassischen Regelung.

### *Was ist die Restnutzungsdauer?*

**Restnutzungsdauer (§ 16 Abs. 4 WertV)**
Als Restnutzungsdauer (RND) wird die Anzahl der Jahre angesetzt, in denen die baulichen (und sonstigen) Anlagen bei ordnungsgemäßer Unterhaltung und Bewirtschaftung

voraussichtlich noch wirtschaftlich genutzt werden können. Sie ist demnach auch in der vorrangig substanzorientierten Sachwertermittlung entscheidend vom wirtschaftlichen, aber auch vom technischen Zustand des Objekts, nachrangig vom Alter des Gebäudes beziehungsweise der Gebäudeteile abhängig.

**Mein Fazit:** Wenn Sie Gebrauchtimmobilien im Bestand haben, sollten Sie gerade bei älteren Gebäuden auf jeden Fall die Möglichkeit prüfen, die individuelle Abschreibung auf diesem Weg anzuheben. Sicherlich benötigen Sie dafür das entsprechende Gutachten eines vereidigten Sachverständigen. Doch in der Regel kosten diese Gutachten nicht sehr viel. Für ein Mehrfamilienhaus mit 4 Mietparteien sind etwa 2.500 € fällig.

Wenn Sie auf der anderen Seite die deutlich höheren Abschreibungen sehen, lohnt sich diese Investition in den allermeisten Fällen.

Es gibt aber noch eine Abkürzung: Wenn Sie Ihre finanzierende Bank dazu bekommen, Ihnen das erstellte Gutachten zur Verfügung zu stellen, müssen Sie natürlich gar nichts dazuzahlen. Oft mögen das Banken allerdings aus Haftungsgründen nicht. In diesem Fall können Sie danach fragen, Ihnen nur den Abschnitt über die Restnutzungsdauer zukommen zu lassen.

Natürlich gibt es noch weitere Möglichkeiten, die Steuer in Ihrem Sinne zu beeinflussen. Einige wichtige möchte ich zumindest kurz skizzieren:

- Investition in Immobilien mit Sonder-AfA. Die Infos dazu haben Sie bereits auf den Seiten über Denkmalschutzobjekte gelesen. Auch Objekte in Sanierungsgebieten fallen hierunter (§ 7 h EStG).
- Investition in renovierungs-/sanierungsbedürftige Immobilien und dabei Geltendmachung des Renovierungs-/Sanierungsaufwandes. Hierbei sind einige Umstände zu beachten, wie beispielsweise die 15%-Grenze innerhalb der ersten drei Jahre.
- Investition in Immobilien mit dem Mantel einer Kapitalgesellschaft. Dabei kann mit einem festen Steuersatz kalkuliert werden. Dieser bewegt sich insgesamt bei ca. 15 bis 30 % – je nach Gewerbesteuerhebesatz und ob es sich um eine aktive Gesellschaft (Regelfall) oder eine rein das Immobilienvermögen verwaltende Gesellschaft handelt.

**Tipp:** Alles, was steuerliche Auswirkungen hat oder haben soll, sollten Sie in jedem Falle mit Ihrem Steuerberater besprechen. Sie haben noch keinen oder Ihr Steuerberater kennt sich in Immobilienfragen nicht aus? Suchen Sie sich einen, der mit der Thematik vertraut ist und im besten Fall ebenfalls Immobilien besitzt. Wenngleich auch grundsätzliche Punkte nicht schwer zu recherchieren sind, gibt es oftmals neue Rechtsprechungen, bestimmt Ausnahmen oder Auslegungen, die nur Ihr Steuerberater kennen und bewerten kann.

# Kapitel 5: Immobilien-Blase: Gefahr erkannt – Gefahr gebannt

**Als Investor und Geschäftsführer zweier Immobilien-GmbHs muss ich die Zukunft im Blick haben und auf mögliche Preiskorrekturen vorbereitet sein. Darum beschäftige ich mich intensiv mit einer möglichen Blasenbildung und insbesondere deren Folgen.**

Wir dürfen uns nichts vormachen: An manchen Standorten geht es seit über zehn Jahren steil nach oben, doch dies kann nicht der Zustand bis in alle Ewigkeit sein. Und doch wird es allerorts wieder massenhaft Aufschreie geben, wenn die Preiskurve plötzlich nach unten zeigt. Mir ist bewusst, dass sich dieses Thema auf wenigen Seiten nicht vollumfänglich behandeln lässt, zu umfangreich sind die Gesichtspunkte und zu viele Fragezeichen begleiten jeden Ansatz. Und doch möchte ich Ihnen im Folgenden einige wichtige Ansätze mit auf den Weg geben. Sehen wir uns also drei wichtige Fragen an.

## 1. Wie konnte 2008 die Krise entstehen?

In den Jahren vor der Lehman-Pleite wurden hypothekenbesicherte Wertpapiere (sogenannte *Mortgage-Backed-Securities* oder kurz: MBS) als lukratives Investment vieler Großbanken entdeckt. Dabei wurden die Forderungen, die gegenüber Immobilienbesitzern beziehungsweise Darlehensnehmern bestanden, in weiteren Wertpapieren gebündelt und als besonders sichere Anlageform vertrieben (sogenannte *Collateralized Debt Obligations* oder kurz CDOs). Dabei verdienten Banken oftmals doppelt, indem sie die Kredite mit der einen Abteilung vergaben und in einer anderen wieder bündelten und vertrieben.

Um diese Maschinerie am Laufen zu halten beziehungsweise weiter zu befeuern, wurden über die Jahre die Vergaberichtlinien immer weiter gelockert und die erzeugten

Wertpapiere mit qualitativ immer schlechteren „Sicherheiten“ gebündelt. Somit bekam ein immer größer werdender Personenkreis, der in Deutschland bereits an der Tür zur Immobilienabteilung abgewiesen worden wäre (Geringverdiener, befristete Angestellte, sogar Arbeits- und Obdachlose), immer mehr und höhere Kredite, teilweise auch durch betrügerisches Vorgehen besonders gieriger Darlehensvermittler. Hierzu gibt es (angeblich) sogar dokumentierte Fälle, bei denen verstorbene Familienmitglieder oder gar Haustiere Darlehen für den Immobilienkauf aufnehmen konnten.

### *Folgen der lockeren Kreditvergabe*

Dieser sorglose Umgang mit der Vergabe von Darlehen befeuerte auch die Nachfrage und damit die erzielbaren Kaufpreise. Dass Immobilien innerhalb kürzester Zeit mehrfach verkauft wurden und dabei ihren (Wieder-)Verkaufswert sogar verdoppelten, war keine Seltenheit. Zudem war der größte Teil der Finanzierungen variabel aufgestellt, sodass die bonitätsschwache Klientel im weiteren Verlauf Zinssteigerungen schutzlos ausgeliefert war.

Weiterhin – und jetzt wird es besonders fatal – fingen die Banken und Kreditinstitute an, mit Kreditausfallversicherungen gegen oder auf den Ausfall dieser Securities zu setzen, indem sie synthetische CDOs erschufen, sogenannte *Credit Default Swaps* (kurz: CDS) und mit diesen spekulierten. Dieser Hypothekenversicherungsmarkt war am Ende ungefähr 20-mal so groß wie der eigentliche Hypothekenmarkt.

### *Das Ende ist rasch erzählt*

Kredite fielen reihenweise aus, Banken bekamen ihre Papiere irgendwann nicht mehr los und konnten die Prämien nicht mehr bezahlen. Manches Institut wurde gerettet (wie beispielsweise Bear Stearns), manches ging in die Pleite, darunter auch Lehman, die zuvor aufgrund ihrer Größe noch als *„too big to fail"* galten. Da es sich bei diesen Papieren um globale Produkte handelte, verloren nicht nur Millionen Menschen in den USA Haus und Job, sondern eine der schlimmsten Finanzkrisen unserer Zeit brach aus.

## 2. Muss ein Abschwung kommen?

Wie wir noch aus dem Wirtschaftsunterricht wissen, besteht ein Marktzyklus aus folgenden Konjunkturphasen:

- Aufschwung
- Boom
- Abschwung
- Tief

Aktuell befinden wir uns laut Meinung vieler Experten in einer Hochkonjunktur, also in der Boom-Phase. Für den Immobilienbereich wird regelmäßig vom „goldenen Jahrzehnt für die Immobilienbranche" berichtet. Die vor Jahren immens notwendigen günstigen Zinsen haben dabei aber nicht nur vielen Menschen die Investition in Immobilien ermöglicht. Das niedrige Zinsniveau sollte vor allem dazu dienen, dass sich Unternehmen zu günstigen Konditionen refinanzieren und sanieren können. Das hat auch bis zu einem gewissen Grad gut funktioniert.

### *Die Gefahr durch „Zombiefirmen"*

Da der Leitzins von der EZB für die ganze Euro-Zone vorgegeben wird, ist eine Anhebung dieses Zinses ungeheuer schwer zu timen. Deutschland als wirtschaftlich stärkste Nation hätte vor Jahren schon moderate Zinsanhebungen verkraftet. Diese wurden aber nicht vorgenommen, da die meisten anderen Länder sofort wieder ins Straucheln geraten wären. Und diese kontinuierliche Schwemme an günstig zu leihendem Geld hat seit ein paar Jahren einen extrem faden Beigeschmack:

Zahlreiche Firmen halten sich durch das billige Geld künstlich am Leben, ohne selbst produktiv zu sein. Sie binden dabei massiv Kapital und Arbeitskräfte und entziehen beides dem Markt. Je länger dieser Effekt andauert und je länger das notwendige Ausscheiden dieser Firmen aus dem Markt hinausgezögert wird, desto schlimmer werden die Folgen sein. Dr. Markus Krall von der Beratungsagentur goetzpartners erwartet gar einen schlimmeren Crash als 2008, dessen Eintritt und Folgen aber kaum vorherzusagen sind.

Eine Marktbereinigung ist so oder so dringend vonnöten und wird kommen. Durch die lange Niedrigzinspolitik wurde sie nur künstlich hinausgezögert und wird die Wirtschaft in der Euro-Zone vielleicht deshalb umso härter treffen.

### *„Eine Zinsanhebung von 1 % macht uns Immobilienbesitzern nichts aus"*

Deshalb ist es zu kurz gedacht, zu sagen, dass uns Investoren eine Zinsanhebung um 1 % nicht trifft. Natürlich macht es kaum einen Unterschied, ob wir statt mit einem Zins von 1,9 % mit 2,9 % finanzieren. Die Rechnung ist dann etwas schlechter, schon klar. Aber wenn eine Immobilie mit 2,9 % Darlehenszins nicht machbar ist, dann war sie es vermutlich mit 1,9 % auch nicht.

Wenn der Effekt uns trifft, wird er das mittelbar, durch die Hintertür, tun. Wenn massenweise Unternehmen in die Pleite rutschen, hunderttausende Menschen arbeitslos, Banken wanken und Staaten Zwangshypotheken auf Immobilien eintragen würden, ja, dann würde es uns auch treffen. Die Nachfrage nach Kaufimmobilien würde mit Sicherheit einen Dämpfer bekommen. So, wie es in der Vergangenheit auch immer mal wieder der Fall war.

## 3. Welche Folgen wird eine Krise für den hiesigen Immobilienmarkt haben?

Wenn Ihnen bei den vorherigen Zeilen etwas mulmig geworden ist, sollte Sie das Folgende wieder versöhnlicher stimmen. Reihenweise ausfallende Kredite, Verschleuderungen von Häusern bei Zwangsversteigerungen, Privatinsolvenzen, Wertverluste bis zum Nullpunkt – all das wird voraussichtlich hier NICHT zum Tagesgeschäft werden.

Denn unser Immobilienmarkt mit seinen eigenen Besonderheiten und Spielregeln funktioniert deutlich anders als in den USA.

Schon bevor als Antwort auf die Lehman-Krise die Wohnimmobilien-Kreditrichtlinie (WoKRi) beschlossen und umgesetzt wurde, waren Regularien und Eigenschaften des Immobilienmarkts hierzulande in der Norm anders gestrickt:

- detaillierte Bonitäts- und Objektprüfungen
- hoher Eigenkapitaleinsatz seitens der Käufer (ca. 20–40 %)
- lange Darlehenslaufzeiten (mindestens 10 Jahre)
- ausreichende Tilgungsleistungen
- Sicherungsmechanismen für den Fall eines Zinsanstiegs (Bausparvertrag, Forward-Darlehen)
- Besteuerung kurzfristiger Verkaufsgewinne

Und daran hat sich, auch wenn wir Investoren den Hebeleffekt bei der Finanzierung gern ausreizen, für den größten Teil der Immobilienkäufer wenig getan. Der Münchner wird eine Korrektur – ebenso wie die Preissteigerungen in den Jahren zuvor – mit einem „ja mei“ aussitzen, und der Investor in Gelsenkirchen wird sich weiter mit Dumpingpreisen und -mieten herumschlagen. Persönliche und lokale Einzelschicksale außen vorgelassen. Diese wird es immer geben, ob es mit den Preisen nach oben oder unten geht.

Das Gute ist: Gewohnt wird weiterhin, und je nach Standort werden Sie eine mögliche Rezession beziehungsweise

Depression mehr oder weniger mitbekommen. Überhaupt bin ich der Meinung, dass es an der Börse massiver krachen wird und manche Aktie aufgrund des Niedergangs der Firma dahinter gen Null rauschen wird. Ihre Immobilie wird weiter an ihrem Fleck stehen, und Ihr Mieter wird – falls er es zuvor auch getan hat – weiter seine Miete bezahlen. Einen wirklich spürbaren Impact kann und wird es auf die Kaufpreise in manchen Immobilienmärkten geben.

Wenn weniger Nachfrage herrscht – und dieser Umstand wird in solchen Zeiten eintreten – werden auch die Immobilien günstiger werden. Im Gegensatz zum Eigenheimbesitzer, der sich vielleicht scheiden lässt, gibt es für uns Investoren kaum einen Grund, unbedingt in schlechten Zeiten verkaufen zu müssen.

**Zusammenfassung:** Die aktuellen Vorzeichen für einen Crash sind andere als 2008. Damals stürzte die Subprime-Krise den US-Häusermarkt und schließlich auch die Weltwirtschaft in eine Krise. Die Folge davon beziehungsweise ein Rettungsversuch für die Märkte war die Bereitstellung günstiger Zinsen, um damit Unternehmen und ganze Volkswirtschaften zu subventionieren und zu sanieren.

Seit ein paar Jahren wird durch die fehlende Korrektur dieser Niedrigzinspolitik aber ein anderes, ebenso bedrohliches Problem gefördert: Zombiefirmen, die nicht mehr produktiv sind, aber aufgrund der günstigen Refinanzierung nicht vom Markt verschwinden. Diese binden massiv Kapital und Arbeitskräfte. Eine Erhöhung des Leitzinses um mehrere Prozentpunkte wird auf absehbare Zeit nicht passieren, aber schon eine Anhebung um 1 bis 2 % wird Unternehmen und Banken, die deren Forderungen in den Büchern haben, in eine massive Schieflage bringen. Die Folgen und vor allem die Reaktionen der Politik sind nicht vorhersehbar.

Einen kompletten Kollaps unseres Immobilienmarkts kann ich mir dabei nicht vorstellen. Zu unterschiedlich sind die Gegebenheiten im Vergleich zu den USA, zu hoch die Anforderungen an die Bonität der hiesigen Immobilienkäufer. Gewohnt wird trotzdem, und auch die nach wie vor fehlenden Wohnungen in manchen Regionen lassen mich einer sinkenden Nachfrage positiv entgegenblicken. Wenn es also zu einer Korrektur nach unten kommt, lautet mein Rat an Sie: HALTEN UND AUF DEN NÄCHSTEN AUFSCHWUNG WARTEN. Und nachkaufen.

# Kapitel 6
# Sechs Praxis-Tipps für erfolgreiche Immobilien-Investoren

## 1. Suchen Sie nicht ewig nach dem Schnäppchen

Gefühlt jeder Investor kennt einen anderen, der DAS Schnäppchen gemacht hat. Weit unter Wert, toller Cashflow und so praktisch nie wieder zu machen oder zu bekommen. Zumindest wird es so erzählt.

Wenn ich in den letzten knapp zehn Jahren etwas über solche Gelegenheiten gelernt habe, dann sind es drei Dinge:

### 1. Die meisten dieser Schnäppchen hatten mindestens einen massiven Nachteil

Insbesondere wenn es sich um Käufe handelte, bei denen eine Wohnung nur 10.000 bis 25.000 € gekostet hat. Es war dann auf jeden Fall ein günstiger Preis für eine Zwei- oder Drei-Zimmer-Wohnung. Aber diese lag dann regelmäßig in einem heruntergekommenen Haus und dieses in einer Region mit massiv schlechten Prognosen. Nur wenn eine Wohnung also wahnsinnig günstig ist, heißt es nicht, dass es sich um ein Wahnsinns-Schnäppchen handelt. Die Wohnungen sind einfach auch nicht mehr wert.

Andere Schnäppchen-Beispiele befanden sich in Häusern mit massiv aufgelaufenem Instandhaltungsstau, praktisch insolventen oder massiv zerstrittenen Eigentümergemeinschaften. Alles wertmindernde Faktoren.

### 2. Manch gutes Angebot wird erst im Nachhinein zum Schnäppchen

Wenn ich mir meine eigenen Investments und die von Kollegen und Freunden allein anhand der Beispiele München und Nürnberg anschaue, werden die meisten Menschen zu den Einkaufspreisen von vor ein paar Jahren sofort „Schnäppchen!“ rufen.

Vor einigen Jahren waren aber 1.000 € pro Quadratmeter in Nürnberg und 3.000 € pro Quadratmeter in München leicht zu finden und in manchen Vierteln sogar der Standard.

### 3. Ein Schnäppchen haben meist auch andere als solches erkannt

Natürlich gibt es auch die echten Schnäppchen, weil eine zerstrittene Erbengemeinschaft ein Objekt möglichst schnell loswerden will, jemand keine Ahnung von den Marktpreisen hat oder einfach nur den Betrag X für seine weiteren Pläne braucht.

Diese Schnäppchen bekommt aber nicht jeder auf den Tisch. Und selbst wenn, haben den überaus günstigen Preis oftmals noch ein paar Dutzend anderer Interessenten auch erkannt. Also selbst, wenn Sie ein Schnäppchen mitbekommen, heißt es nicht, dass Sie auch kaufen „dürfen“. Oder vielleicht zu einem ungünstigen Zeitpunkt auch gar nicht können.

Ich selbst habe auch schon bei Schnäppchen zugeschlagen. Oft bin ich aber aufgrund des massiven Ansturms beim Verkäufer auch nicht zum Zug gekommen.

**Mein Fazit:** Wenn Sie ein Schnäppchen erkennen, dann sollten Sie natürlich alles daransetzen, es auch kaufen zu können. Aber ziehen Sie trotzdem auch gute, solide Angebote in Betracht. Rechnen Sie einfach nach, wie viel Sie allein in Jahren des erfolglosen Schnäppchen-Jagens schon bei einer „nur“ guten Immobilie getilgt hätten. Das holen Sie nicht mehr auf.

## 2. Der persönliche Finanzrahmen

Es gibt sowohl im Internet, als auch in (Fach-) Zeitschriften die wahnsinnigsten Empfehlungen für den eigenen Auto- und Immobilienkostenrahmen zu finden.

Hier erklärt man Ihnen, dass das neue Familienauto ruhig ein komplettes Brutto-Jahresgehalt kosten darf, dort lesen Sie, dass der Kaufpreis Ihrer Immobilie bis zum zehnfachen Ihres Jahreseinkommens völlig in Ordnung ist. An anderen Stellen werden Auto- und Immobilienrahmen wiederum mit Ihrem Monatsgehalt – teilweise arg konstruiert – in Abhängigkeit gebracht.

**In allen Fällen handelt es sich maximal um eine unzureichende Betrachtungsweise. Beispiel gefällig? Sehr gern:**

A verdient 5.000 € netto im Monat und überlegt sich eine gut ausgestattete Mercedes E-Klasse für 50.000 € zu kaufen. B verdient 3.500 € und schielt ebenfalls nach dem gleichen Auto.

Wenn wir uns nun nach den seichten Zeitschrift- und Internetratgebern richten würden, wäre die Antwort sonnenklar: A kann sich das Auto problemlos leisten, für B ist es eine Nummer zu groß. Beweisführung abgeschlossen, Fall zu den Akten.

Wir gehen aber eine Stufe weiter und sehen, dass A in München wohnt und ein Drittel seines Nettoverdienstes allein für die Miete draufgeht. Deshalb hat er auch kaum Eigenkapital und aufgrund der familiären Situation (verheiratet, zwei Kinder, schon vorhandene Familienkutsche) bleiben im Monat effektiv keine 500 € übrig. Sollte sich A also wirklich mit diesem Background oben genanntes Auto zulegen, sogar noch finanziert? Auf keinen Fall!

Bei B gestaltet sich die Situation folgendermaßen: Er wohnt im Münchner Umland und zahlt nur 800 € Miete. Zudem ist er alleinstehend, es bleiben jeden Monat ca. 1.000€ auf dem Konto übrig, und er hat 20.000 € für sein neues Gefährt angespart. Könnte sich also B nicht doch das Auto leisten? Jein! Zumindest leichter als A, und doch stellt sich die Frage nach der Sinnhaftigkeit.

**Ein Auto FINANZIEREN macht NIE Sinn!** Wenn Sie Ihr Auto nicht bar bezahlen können, dann ist es einfach eine Spur zu teuer. Es gibt in jeder Klasse genügend gute Gebrauchte für den eigenen Geldbeutel. Oftmals steht einem das eigene Ego im Weg, weil der Nachbar, Onkel, Freund etc. auch ein gutes (finanziertes) Auto hat. Das sollte Ihnen egal sein. Abgesehen davon, dass ein Privatkredit in der Schufa nie besonders gut rüberkommt.

Sie wollten etwas über Immobilien lesen und keinen Ratschlag für Ihren nächsten Autokauf?

Das ist Ihr gutes Recht, ich wollte für das folgende Statement nur weit ausholen, um die Aussage zu verdeutlichen. Es ist völlig in Ordnung, Immobilien zu finanzieren (gute Schulden), jedoch werden immer wieder Ausgaben unabhängig von Wohngeldern und Finanzierungen auf Sie zukommen. Insbesondere wenn Sie in größerem Maße investieren und risikoreichere Investments wie z. B. Mehrfamilienhäuser Ihr Eigen nennen. Dabei ist es dann egal, wie viel Sie verdienen.

**Es ist wichtig, wie viel Ihnen im Monat übrig bleibt und wie viel Sie gespart haben.**

Hier Maklerkosten von 800 €, dort ein neues Bad für 6.000 €, hier 500 € für ein neues Fenster, dort eine Heizung für 10.000 € und so weiter.

Natürlich können Sie bei eigenen Objekten in gewissem Maße vorplanen, aber bei beispielsweise lediglich 500 € Plus im Monat und keinem Puffer auf der Seite kann Sie schon der Fenstertausch in einer Wohnung (oder noch weniger) in Schwierigkeiten bringen. Und die Reaktion Ihrer Bank auf die Anfrage für einen Privatkredit in Höhe von 2.500 € können Sie sich denken …

**Tipp:** Investieren Sie so, dass auch außerplanmäßige Ausgaben von Ihrem Haushaltsüberschuss abgedeckt sind und/oder dass Sie Rücklagen bilden können, die Ihren Investments angemessen sind!

## 3. Von Messies und Mietnomaden

Auch das gehört zur Wahrheit: Immobilien können Probleme machen – vor allem die Mieter. Wenn es nach den Stammtischparolen geht, dürfte jeder Investor bei den ganzen Risiken nicht ganz bei Trost sein, sich dem Vermieterdasein zu verschreiben. Das ist aber zu kurz gedacht.

Alles, was Rendite abwirft, hat mögliche Risikofaktoren. Dabei machen Immobilien keine Ausnahme. Und doch suggerieren Dokumentationen mancher TV-Privatsender den Eindruck, dass die Vermietertätigkeit ausschließlich Ärgernis mit Mietprellern, Mietnomaden, Vandalen und Messies bedeutet. Obwohl dem nicht so ist, möchte ich dieses Vermieter-Thema näher betrachten und Lösungen aufzeigen.

Was versteht man unter Mietnomaden und Messies?

**Mietnomade:** Darunter verstehen wir eine Mietpartei, die die vereinbarte Miete nicht (mehr) bezahlt und lautlos weiterzieht. Um im nächsten Objekt wieder nicht zu zahlen und wieder das Weite zu suchen. Und so weiter und so weiter … Oftmals tritt bei Mietnomaden noch Vandalismus auf. Das heißt, dass man als Vermieter nicht nur seinen Mieten, sondern auch einer Schadenersatzforderung in Bezug auf physische Schäden hinterher sein „darf“. Und man die Wohnung vor einer Neuvermietung erst wieder in einen bewohnbaren Zustand bringen muss.

**Messie:** Ein Messie wiederum sucht in der Regel nicht das Weite. Er leidet an einer psychischen Störung und die Entsorgung von Alltagsgegenständen, darunter können auch Lebensmittel sein, bereitet ihm größte beziehungsweise ab und an auch unüberwindbare Mühen. Dies kann bis zur kompletten Vermüllung und Verwahrlosung der Wohnung führen, was wiederum zu massiven Schäden an der Wohnung oder gar am Gebäude führen kann.

**Wie können Sie sich schützen?**
Sollten Sie tatsächlich jemanden im Bekanntenkreis haben, der den vorgenannten Problemmietern zum Opfer gefallen ist, fragen Sie ihn bitte nach der Vermietung. Vermutlich hat er oder ein Bekannter diese selbst gemacht und keinen besonderen Wert auf die Durchleuchtung der Mietpartei gelegt. *Denn eines ist sicher: Ein Problemmieter wird zu einem solchem nicht von heute auf morgen. Er war in der Vergangenheit auch schon Mietnomade, Vandale und/oder Messie.*

**Gehen Sie deshalb bei jeder Neuvermietung konsequent vor:**

- Selbstauskunft
- letzte drei Gehaltsabrechnungen
- Schufa-Auskunft
- Vorvermieterauskunft
- Kautionserhebung

Ohne mich weit aus dem Fenster zu lehnen, sage ich Ihnen, dass Sie keinen Mietnomaden, Vandalen oder Messie in Ihre Wohnung bekommen, wenn Sie die vorgenannten Punkte abprüfen. Und natürlich Ihre Schlüsse daraus ziehen. Vermutlich werden Sie von der Problemklientel aber gar keine Unterlagen bekommen, weil diese woanders ihr Glück versuchen.

Im Übrigen gibt es seit Jahren sogar schon Versicherungen, die den Mietausfall und die Sachschäden solcher Mieter übernehmen. Die Beiträge sind auch gar nicht teuer, jedoch wird nur geleistet, wenn die Mieter auch einer ordentlichen Prüfung unterzogen worden waren ...

**Fazit:** Sehen Sie sich Ihre Mietpartei genau an. Sowohl wenn sie schon im Immobilienkauf „inbegriffen" ist, als auch wenn Sie neu vermieten. So wie sie in der Vergangenheit war, so wird sie sich auch in der Zukunft verhalten. Sollten Sie nicht die zeitlichen Ressourcen oder die Expertise für eine Neuvermietung haben, lassen Sie diese von einem Profi (Immobilienmakler oder Hausverwalter) machen. Ihre Wohnung, Ihr Gemüt und Ihr Geldbeutel werden es Ihnen danken.

## 4. Eine Immobilie lässt sich entwickeln. Aber leider nicht jeder Aspekt.

Die Praxis hat mir immer wieder gezeigt: Viele Eigenschaften seiner Immobilie kann man verbessern. Oder um es im Jargon der Szene zu schreiben: entwickeln. Eines aber leider nicht.

Ich habe in den letzten Jahren genügend Immobilien gesehen und begleitet, die sich mit einer Sanierung vom hässlichen Entlein in einen stolzen Schwan verwandelt haben. In diesen Fällen wurde dadurch auch eine nachhaltige Wertsteigerung erzielt. Aber auch nur, weil sich die Immobilien am richtigen Fleck befanden.

### *Lage, Lage, Lage*

Das Klischee des Immobilienmaklers, horrende Preise mit dem Verweis auf die „Lage, Lage, Lage" zu rechtfertigen ist mittlerweile überholt. Die Lage ist wichtig, aber nicht alles. Wo die Lage außerordentlich gut ist, bezahlt man mehr für den Quadratmeter, im gegenteiligen Fall dementsprechend weniger. Und doch hat die Aussage einen wahren Kern: **Man kann an einer Immobilie (fast) alles verändern. Die Lage aber bleibt.**

Und die Lage entscheidet maßgeblich über Nachfrage. Und die Nachfrage entscheidet über die Sinnhaftigkeit von Investitionen in die eigene Immobilie. Auf was ich hinaus möchte: Sollte ein Haus dringend einer Sanierung bedürfen, müssen Sie je nach Grad der Sanierung mit ca. 500 bis 1.500 € den Quadratmeter an Kosten rechnen. Bei Denkmalschutzobjekten sogar noch mehr, doch auf diese möchte ich an dieser Stelle gar nicht hinaus.

### *Jetzt kommt das Worst-Case-Szenario*

Wenn die Immobilie dort steht, wo keine beziehungsweise kaum Nachfrage herrscht, beispielsweise im Thüringer Hinterland, halb verlassenen Landstrichen in Mecklenburg-

Vorpommern oder Verlierer-Städten wie Plauen und Gera, kosten Sanierungsmaßnahmen trotzdem ähnlich viel wie andernorts. Ohne aber hier eine merkliche Wertschöpfung zu betreiben. Sollten an einem dortigen Objekt also teure Maßnahmen notwendig werden (Dach, Heizung, Keller- oder gar Komplettsanierung etc.), gehört mindestens zweimal nachgerechnet. Denn weder eine Wertsteigerung, noch höhere Mieten sind realistische Szenarien.

Würden wir die 4-Felder-Matrix der Boston Consulting Group bemühen, befänden wir uns wohl im Sektor der *„poor dogs"*. Sollten die Investitionen zu groß werden, wäre eine (verlustreiche) Abstoßung der Immobilie noch das sinnvollste.

In München, als extremes Gegenbeispiel, würde sich vermutlich jegliche Art von kostspieliger Investition am eigenen Objekt lohnen und unmittelbar eine Wertsteigerung bewirken. Kein Wunder, bei der massiven Nachfrage.

**Fazit:** Die Lage einer Immobilie ist nicht veränderbar. Sie ist maßgeblich für die Nachfrage und den Wert einer Immobilie. Und ein wichtiger Indikator für die Sinnhaftigkeit von weiteren Investitionen, wie beispielsweise größeren Instandhaltungsmaßnahmen. Sie ist dabei beileibe nicht das einzige wichtige Kriterium, wie früher oft glauben gemacht wurde, aber doch IMMER von äußerster Wichtigkeit.

## 5. Günstige Wohnungen rentieren sich nur auf dem Papier

Die Zahlen sehen erst einmal fantastisch aus. Zwei-Zimmer-Wohnung, 50 Quadratmeter groß, Kaufpreis 15.000 €. Vielleicht denken Sie auch gerade: „Gibt es doch gar nicht.“ Und doch sind solche Angebote nach wie vor Realität. Natürlich nicht in München, Berlin, Hamburg oder Stuttgart. Oder sonst irgendwo, wo die Vorzeichen für die Zukunft auch nur einigermaßen positiv sind. Aber ist doch geschenkt bei dem günstigen Preis.

**Lassen Sie sich von der prozentualen Rendite nicht täuschen!**

Kommen wir noch einmal auf das Eingangsbeispiel zurück:

| | |
|---|---|
| Größe: | 50 Quadratmeter |
| Kaufpreis: | 15.000 € |
| Kaltmiete: | 175 € monatlich |

Um eine Chance auf eine verlässliche und dauerhafte Vermietbarkeit zu haben, setzen wir die Kaltmiete mit 3,50 € den Quadratmeter an. Das bringt Ihnen im Monat immerhin 175 € und somit eine Bruttorendite von 14 % beziehungsweise einen Teiler von 7,14!

Das war's dann aber auch schon mit der Herrlichkeit.

Die nichtumlegbaren Nebenkosten (Hausverwaltung, Instandhaltungsrücklage) dürften sich bei der Wohnungsgröße bei mindestens 40 € bewegen. Egal ob Sie im Monat für diese Wohnung 100 € oder 1.000 € an Kaltmieteinnahmen haben.

In unserem Fall reduzieren die nichtumlegbaren Nebenkosten die Kaltmieteinnahmen um fast ein Viertel! Und das ist noch konservativ gerechnet. Die Rendite ist hierbei bereits um ein paar Prozentpunkte eingebrochen.

Im Übrigen dürfen Sie in diesem Beispiel auch noch Steuern nachzahlen, da diese vermietete Wohnung Ihr zu versteuerndes Einkommen erhöht. Dies dürfte – je nach persönlichem Steuersatz – auch noch einmal ungefähr den Gegenwert einer Monatskaltmiete ausmachen. Darauf will ich aber gar nicht hinaus.

## *Die Totalzahlen sind entscheidend*

Sie haben es weiter oben bereits gesehen: Alle anderen Posten werden nicht günstiger, nur weil Sie eine Wohnung günstig erworben haben und vermieten.

Unsere Wohnung ist für diesen Preis selbstverständlich in keinem Neubau und auch nicht in einem guten Zustand. Vermutlich um die 50 bis 80 Jahre alt, unrenoviert oder von einem Hobbyhandwerker in Eigenregie „renoviert" (was oftmals noch schlimmer ist), und auch das Haus steht nicht da wie eine „Eins".

Das heißt, es werden irgendwann Ausgaben nötig werden. Ein neues Bad kostet in der Regel zwischen 4.000 bis 8.000 €, je nach Größe und Ausstattung. Das wäre ein Drittel bis die Hälfte des Kaufpreises! Hier mal ein neuer Boden für ein Zimmer, dort ein neuer Waschtisch. Die Maklerkosten für die Neuvermietungen. Selbst bei diesen geringen Ausgaben ist der monatliche Überschuss für MONATE oder gar

JAHRE hinüber! Das alles ist aus Eigenkapital zu leisten, wie vielleicht auch der Kaufpreis. Keine Bank hat an der Finanzierung einer solchen Wohnung großartiges Interesse.

Bei einer gleich großen Wohnung in München mit 750 € Kaltmiete fallen weder die nicht umlegbaren Nebenkosten, noch die anderweitigen Ausgaben dermaßen hoch ins Gewicht. Abgesehen davon, dass die Eigentümergemeinschaften bonitätsstärker sein dürften und auch Leerstand kein Thema ist. Das nur als extremes Gegenbeispiel.

### *Und nun?*

Wir waren noch gar nicht beim Standort unserer Wohnung. Nun, dieser kann beispielsweise in Gera sein, Plauen, Zwickau, Gelsenkirchen oder Duisburg. Und auch da jeweils nicht in den besseren Lagen ... Wir befinden uns dort, wo das goldene Jahrzehnt der Immobilienbranche nach wie vor spurlos vorüberzugehen scheint. Und wo ich im Falle eines Crashs nicht unbedingt investiert sein möchte. Auch wenn einige von Ihnen, liebe Leser, nur die aktuelle Boomphase kennen, es gab und gibt auch immer wieder andere Zeiten. Und da waren nicht 15.000 € das untere Ende der Fahnenstange, sondern 5.000 €.

Wichtig ist auch zu wissen, dass Sie sich um eine solche Wohnung – aufgrund des Zustandes und des potenziellen Mieterklientels – weitaus mehr kümmern müssen, als wenn ein Mieter nie die Miete prellen oder gar ausziehen würde, weil er sowieso keine andere Wohnung findet. So wie in München.

**Fazit:** Überlegen Sie sich gut, wie sehr Ihnen zweistellige Renditen auf dem Papier wichtig sind. In Totalzahlen kommt bei solchen Low-Budget-Wohnungen nämlich kaum etwas rum, die Banken rümpfen die Nase, Risiken und Zeitaufwand sind hoch. Sollten Sie Fortgeschrittener sein, dann erwägen Sie, wenn überhaupt, gleich ein ganzes Mehrfamilienhaus in diesen (Preis-) Regionen. Hier können Sie zumindest schalten und walten wie Sie möchten, und der Outcome ist deutlich attraktiver.

## 6. Hausverwaltung – Ja oder Nein?

Ich kenne erfolgreiche Investoren, die alle Immobilien beziehungsweise Häuser selbst verwalten und eine Übertragung der Bewirtschaftung an eine Hausverwaltung so ziemlich das Letzte ist, was sie machen würden. Das ist natürlich völlig legitim und doch sehe ich persönlich eine Hausverwaltung als großen Pluspunkt beim Investieren in Immobilien.

### *Nachteile einer Hausverwaltung*

Im Endeffekt gibt es zwei Nachteile. Zum einen kosten Hausverwaltungen Geld, zum anderen ist es schwierig, eine gute zu finden.

**Kosten:** Je nach Standort des Objektes, je nach Größe und Anzahl der Einheiten, je nach Aufgaben, die in der monatlichen Pauschale inkludiert sind, kostet eine Hausverwaltung in der Regel zwischen 20 bis 30 € pro Monat pro Einheit. Bei einem 10-Familien-Haus wären das 200 bis 300 € im Monat. Also gar nicht mal so wenig. Lassen wir aber die Kosten zunächst beiseite.

**Qualität:** In prosperierenden Metropolregionen wie München, Hamburg, Stuttgart, Frankfurt etc. ist es leicht, eine große und kompetente Hausverwaltung zu finden. Selbst ohne persönliche Kontakte schafft hier ein Blick in eine Online-Suchmaschine mit unzähligen bewerteten Angeboten schnell erste Klarheit.

Und sollten Sie bei der Wahl doch falsch gelegen haben, lassen Sie den Vertrag auslaufen und suchen sich eine neue Hausverwaltung. Schwierig wird es an schwachen und kleinen Standorten. Große Hausverwaltungen sind kaum zu finden, dafür aber viele Einzelkämpfer, teilweise im Nebenerwerb. Ohne persönliche Kontakte lässt sich kaum eine fundierte Auswahl treffen, da abrufbare Bewertungen kaum vorhanden sind.

### *Rechnungslegung ist Verwalterpflicht – wann immer es die WEG beschließt*

Für den Verwalter besteht jederzeit eine Pflicht zur Rechnungslegung. Zumindest wenn es die WEG mehrheitlich beschließt. Der größte Risikofaktor ist dabei tatsächlich, aufs falsche Pferd zu setzen. Eine schlechte Hausverwaltung kann Sie in den Wahnsinn treiben und viel Geld kosten. Beispielsweise indem wichtige Maßnahmen verschleppt oder gar nicht erkannt, keine Vergleichsangebote eingeholt und die Maßnahmen nur oberflächlich begleitet und abgenommen werden.

### *Vorteile einer Hausverwaltung*

Wenn Sie auf eine gute Hausverwaltung setzen, müssen Sie sich um Ihr Haus im Alltag praktisch nicht mehr kümmern. Die Hausverwaltung verwaltet und bewirtschaftet Ihr Haus und Ihre Einheiten in Ihrem Sinne. Egal ob es sich um kommunale, bauliche oder Mieter-bezogene Angelegenheiten handelt – Ihre Hausverwaltung regelt alle Angelegenheiten für Sie. Und stimmt sich lediglich bei wichtigen und/oder kostspieligen Dingen gesondert mit Ihnen ab.

Das ermöglicht Ihnen nicht nur, über weite Distanzen zu investieren, sondern schafft auch zeitliche Ressourcen, damit Sie sich weiter auf die wichtigen Dinge konzentrieren können: zu prüfen und zu investieren.

**Fazit:** Natürlich sind beispielsweise 250 € viel Geld im Monat. Wenn dafür aber ein Profi Ihr 10-Parteien-Haus verwaltet, gibt es kaum einen besseren Deal. Bei Häusern in dieser Größenordnung ist immer etwas zu tun:

Der Hausmeister(dienst) funktioniert nicht so wie er soll, die eine Mietpartei kündigt, eine andere hat irgendein persönliches Wehwehchen und beim Dach hat der letzte Sturm ein paar Ziegel abgedeckt …

Lassen Sie Ihre Immobilien nicht zu einem weiteren Hamsterrad werden. Bleiben Sie Investor und werden Sie nicht selbst zum Hausverwalter. Übrigens können Sie die Kosten für die Hausverwaltung steuerlich geltend machen. Also auch von den Ausgaben ist es daher halb so schlimm ...

6 Praxis-Tipps für erfolgreiche Immobilien-Investoren sind gut – 66 Praxis-Tipps sind aber deutlich besser. Gehen Sie auf www.immo-elite.de/invest und erfahren Sie dort, wie Sie mit meinem Investoren-Brief jeden Monat viele weitere Praxis-Tipps erhalten.

# Fazit und Ausblick

Es freut mich, dass Sie es bis hierher geschafft haben. Zum Schluss möchte ich Ihnen noch einen Ausblick auf die Zukunft mitgeben und damit verdeutlichen, wie wichtig es ist, sich immer up to date zu halten. Nicht nur, was Standorte und deren Entwicklung angeht, sondern auch, wie sich Immobilien und die Nachfrage generell verändern können und werden.

## Welche Immobilien-Eigenschaften werden in den nächsten Jahren wichtiger?

Eins muss Ihnen klar sein: Egal was passiert, gewohnt wird immer. Die Frage ist nur wie. Manche Faktoren zeichnen sich aber ganz deutlich ab. Der Trend geht seit Jahren – wenn auch langsamer, als es die Branche gerne hätte – zum Smart-Home. Wobei hier nicht – auch wenn es die Branche gern hätte – der selbständig nachkaufende Kühlschrank im Fokus der Zielgruppe ist, sondern verschiedene Methoden von Überwachung und Sicherheit der eigenen vier Wände.

Ob ein Zuhause smart vernetzt ist, spielt aber aktuell für die Vermietbarkeit noch kaum keine Rolle. Und wie es sich in Zukunft gestalten wird, kann auch kaum vorhergesagt werden. Andere Aspekte sind dabei deutlich handfester.

## Faktoren für Investoren

Essenziell ist es dabei, auf aktuelle Bautätigkeiten zu achten. Die Neubauten von heute konkurrieren in 10 bis 20 Jahren ebenfalls mit dem „normalen" Bestand.

Wenn Sie sich aktuell im Neubau-Sektor umschauen, werden Sie Folgendes feststellen:

Praktisch jede Wohnung weist Terrasse oder Balkon auf, Aufzüge und barrierefreies Wohnen sind an der Tagesordnung und die Nebenkosten sind durch energieeffizientes Bauen und Heizen sehr gering.

Das bedeutet im Umkehrschluss, dass Sie an Standorten, die nicht komplett überrannt werden, in der Zukunft mit der 2-Zimmer-Wohnung im 4. Obergeschoss ohne Aufzug und ohne Balkon und mit einer alten Ölzentralheizung keinen Blumentopf mehr gewinnen werden.

Auf der anderen Seite stechen Sie diese Wohnungen umso leichter aus, wenn Sie auf die vorgenannten Merkmale jetzt schon achten. Sie müssen sich nicht zwangsweise einen Neubau leisten, der mancherorts auch kaum bezahlbar ist, aber bereits jetzt verstärkt auf Aufzug und Balkon zu schauen, wird sich bezahlt machen.

Insbesondere in schweren Zeiten, die von Arbeitslosigkeit und Abwanderung geprägt sein können, werden Sie den (noch) vorhandenen Mietmarkt leichter bedienen können und über den Mietpreis die Nachfrage zu Ihren Gunsten leicht erhöhen können.

Die eh schon mit am günstigsten angebotene Wohnung im 4. Obergeschoss ohne Aufzug und ohne Balkon können Sie kaum über den Preis attraktiver machen, denn dann ginge die Rechnung auch nicht mehr auf. Abgesehen davon, dass sich die von der Bonität her attraktiven Mieter kaum dafür interessieren werden.

## Regionale Aspekte

Vor Jahren war die eigene Garage noch der pure Luxus in den Großstädten und ein ebenso seltenes wie gesuchtes Gut. Dieser Stellenwert wird immer geringer werden. Viele der jüngeren urbanen Bewohner haben gar kein eigenes Auto mehr und sehen auch keine Notwendigkeit dafür.

Mit den öffentlichen Verkehrsmitteln stehen sie nicht im Stau, der nächste Supermarkt ist meistens gar bequem zu Fuß erreichbar und für den Umzug oder Familienausflug leihen sie sich ein Auto eines Carsharing-Anbieters. Und auch das autonome Fahren wird aller Voraussicht nach die Mobilität noch flexibler gestalten, beispielsweise indem für einzelne Touren kein menschlicher Fahrer mehr mit gebucht werden muss.

So sehr dieser Trend, vom eigenen Auto weg zu kommen, in der Stadt nachhaltiger wird, so sieht es am Land noch anders aus. Ob auch hier der eigene Pkw in (naher) Zukunft komplett wegzudenken ist, wage ich (noch) zu bezweifeln. Eine eigene Garage für den Mieter ist nach wie vor ein großer Pluspunkt.

## Fazit

Der Spruch „Gewohnt wird immer" wird natürlich auch in Zukunft Bestand haben. Man müsste ihn aber mit einem Zusatz konkretisieren: „..., aber in der Zukunft nicht mehr überall dort, wo es aktuell noch der Fall ist." Fragen Sie sich also bei der Suche nach dem nächsten Investment unbedingt, ob Ihre potenzielle Immobilie nicht nur aktuell, sondern auch in Zukunft konkurrenzfähig sein wird.

# Epilog

Wie Sie beim Lesen meines Buches gemerkt haben, gibt es schier unzählige Möglichkeiten, sich im Bereich der Immobilien zu betätigen.

Sie können an Metropolstandorten erfolgreich sein, aber auch in der Pampa. Der Kauf einzelner Wohnungen hat Vor- und Nachteile, ebenso wie der Kauf ganzer Mehrfamilienhäuser. Nischenthemen bieten enormes Potenzial – sind aber nichts für jeden Investor. Sie können um jedes Zehntel Prozentpunkte bei Finanzierungen kämpfen oder setzen lieber auf eine langanhaltende Geschäftsbeziehung …

Ich könnte noch die ganze Seite mit solchen Gegenüberstellungen füllen, möchte aber noch einmal auf den Anfang und den Zweck des Buches zurückkommen:

- Suchen Sie sich Ihren Weg, der zu Ihrer Motivation und Ihrer Bonität passt!
- Seien Sie sich genau im Klaren darüber, was Sie möchten und handeln Sie danach!
- Prüfen und justieren Sie regelmäßig, denn Ansprüche und Ziele ändern sich!

Ich wünsche Ihnen jedenfalls alles Gute auf Ihrem Weg!

Ihr

C. Marchner

Christian Marchner